美联储徽标

美联储总部大楼（即华盛顿特区的艾克斯大厦）

左起美联储前任主席格林斯潘、
沃尔克、伯南克（2013.12.16）

耶伦主席与被新提名的鲍威尔

伯南克与时任、前任区域联储银行行长合影（2013.12.16）

房利美

房地美

摩根士丹利 （大摩）

JP 摩根（小摩）

高盛新总部

雷曼兄弟曼哈顿总部

曼哈顿西大街200号的高盛新总部，一场雷雨后停电，该楼独自亮着灯

美联储理事会会议室

美联储 2016 年年度报告（第 103 期）

谨以此书，
献给我的母亲

她是一个美丽而伟大的女人，
充满爱、慈悲、耐心、勤奋、自豪和智慧。
她教会我的关于这个世界的基本原则，
比我在常春藤联盟学校的教授们加起来还要多得多。

美联储总部大门上的鹰徽

专家推荐

◎因为美联储并没有成绩单可供参考，外部人一般很难了解这个“神秘”系统的真相。作者作为“潜”在美联储20年的内部高层人士，对美联储做出了客观的评价并进行了建设性的批评，本书第一次打破了在这方面保持了太久的沉默。

——刘纪鹏

（中国政法大学商学院院长、资本金融研究院院长）

◎灭火需要正确的方法，美联储的教训与经验为我们提供了宝贵的借鉴。《手持柴火的灭火人：美联储》与许多同类主题的书不同，它通过一个非常清晰的窗口提供给读者一幅危机事件的鸟瞰图，对美联储政策反应所造成的全球影响加以解读，同时还附送汁多料足的“美联储内部”细节故事供读者调节口味。

——贺强

（中央财经大学金融学院教授、博导，证券期货研究所所长）

◎现实生活中，智慧通常分为“书本智慧”和“街头智慧”（问题的临场解决方案）。本书提出以“无偏见的内部人的角度”来审视美联储的货币政策和特朗普总统不确定性政策可能造成的金融崩溃和潜在的长期影响，其中的警示值得深思。

——贾康

（财政部财政科学研究所研究员、华夏新供给经济学研究院院长）

◎这本书重点分析了美联储的关键人物及个性才能、美联储的政策及对危机的回应，也谈到全球金融问题及其改革方案。作者以“内部人士”的独特视角和经历，让我们有机会公正和全面地了解美联储这个美国央行以及金融危机带来的潜在的全球影响。你会发现，这本书所揭示的往往不是有关报告所呈现出来的那样。

——**曹远征**

（中国银行前首席经济学家、“中国经济 50 人论坛”成员）

◎作为全球最重要的中央银行，美联储的一举一动无不牵动着全球经济金融体系的敏感神经。多年来，我拜读过多部分析美联储货币政策及其内部运作程序的著作，对美联储的历史并不陌生。然而，这部《手持柴火的灭火人：美联储》仍然能激起我浓厚的兴趣。作者长期担任美联储高官，是如假包换的内部知情人，其著作的特别之处不是深奥的理论分析，而是基于对美联储决策者人性的观察和常识性的经济判断。我从该书得到的重要启示乃是，所谓美联储及其货币政策的独立性基本是一个子虚乌有的神话，美联储从来不可能摆脱现实政治、党派斗争、集团利益、个人信念的左右，其政策就是这些复杂因素的混合产物。尤其令我感兴趣的是，作者对美联储史无前例的量化宽松货币政策的批评，与拙作《新资本论》的分析完全一致。货币体系的混乱和货币政策的乱来，是造成今天人类经济、金融严重失衡和长期衰退的最重要根源，我们需要从整个人类的角度来反思全球货币体系，反思货币政策！

——**向松祚**

（中国人民大学教授、国际货币研究所理事兼副所长）

◎这是一本非常深刻而有趣的书，它向我们展示了美联储的领导力和政策才能，分析了美联储的决策水平是否足够强大到应对当今复杂的互相关联的全球经济。它把美联储形象地比喻为一个手持柴火的灭火人，事实上，正如本书所言，相对于所未看见的，我们所看见的不过只是对全景的一瞥。

——刘李胜

（知名经济学家、金融和管理学教授）

◎多年老友理查德·罗伯茨曾登上非犹太人在美联储的最高级别！《手持柴火的灭火人：美联储》是第一部真正揭秘美联储这一神秘央行内幕的最高级别之作，强烈推荐！

——陈思进

（央视大型纪录片《华尔街》《货币》学术顾问、本书策划）

向以上署名推荐和所有未具名的同仁、朋友的推荐深表致谢！

进入美联储总部理事会会议室的标志

目录

序：看不见的美联储[①]

相对于所未看见的，我们所看见的不过只是对全景的一瞥。

——阿那克萨戈拉（古希腊哲学家和科学家）

不完整的或误导的信息

自从我的中学历史老师在课上给我们讲了第二次世界大战后，我便一直对这个话题很感兴趣。我对于我了解到的第二次世界大战史感到既惊讶又悲伤。相比历史上其他的战争，这场悲剧更为劳民伤财，夺走了更多人的生命，也对更多的人造成了影响，并导致了更深远的变化。

“二战”的规模和影响促使我想从德国、日本、意大利及美国、苏联、法国、英国、中国这些主要角色的角度了解更多细节。事实上，我

① 美国联邦储备系统，简称美联储（FRS），于 1913 年 12 月 23 日成立。该系统由位于华盛顿特区的联邦储备理事会和 12 家区域联储银行组成，核心管理机构是联邦储备理事会，有 7 名理事，珍妮特·耶伦为现任主席。作为美国的中央银行，美联储从国会获得权力，行使制定货币政策、发行货币、对美国金融机构进行监管等职责。——译者注（全书同）

后来花了五年时间阅读了至少两本完全聚焦于每个国家的书。每个国家参战的原因、公众舆论、关键军事领导人、战略部署、主要战役以及战争所造成的痛苦后果，我在当时的阅读过程中学到了很多，而且直到今天我偶尔也还会拿起一本提供了新视角的有关“二战”的书。

虽然谈不上是什么专家，但我一直以为我对“二战”的了解是全面的。直到有一天，那是一个周末傍晚，我的中国邻居买了比萨和啤酒，邀请我去他家看 NBA 篮球赛。离比赛开始还有两个小时，我俩就在 Netflix① 上挑了一部讲述“二战”的纪录片看起来。这部片子并没有提供什么新的信息，基本忠实于我过去读过的“二战”书籍，所以我觉得有点儿无聊。于是我问我的中国朋友，是不是也觉得无聊。没想到，他愤愤地回答说，这部纪录片在讲述中国部分的时候，居然对惨绝人寰的“南京大屠杀”事件只字不提，简直难以置信！我惊讶地看着我的中国邻居带着痛苦和悲伤的神情。他向我简单地描述了日本军队在南京残忍地杀害和强奸中国百姓的暴行，痛惜历史古都被毁于一旦，几十万受害者魂归西天，这场野蛮的侵略破坏让南京人民用了几十年的时间来慢慢恢复。

这听上去简直就是中国版的纳粹集中营啊！比他更难以置信的是我，因为我竟然完全不知道这段侵略历史的存在。我读过的那些书的作者怎么都没有提到它呢？我开始在网上搜索有关“南京大屠杀”的资料，那些我过去从未见过的历史照片和影像让人心情无比沉重。我开始质疑我所读过的书的整体准确性，我想知道，这些书是不是还存在其他误导读者的不准确之处。

作为在美联储系统工作二十年的高管和 2008 年金融危机② 期间的信用风险管理主管，我在阅读了很多声称对美联储的人物和表现提供准确描述的书籍和新闻报道之后，都有类似的感受——并不全面，有所隐

① Netflix 是一家在线影片租赁提供商，提供收费 DVD，并免费递送。
② 2008 年金融危机又称次贷危机。2008 年 8 月，美国房贷两大巨头——房利美和房地美股价暴跌，持有“两房”债券的金融机构大面积亏损。次贷危机爆发后，投资者开始对按揭证券的价值失去信心，引发流动性危机。接着雷曼兄弟破产、美林“委身”美银、AIG 告急，到 2008 年 9 月 9 日，这场金融危机开始蔓延到全球。

藏。由于美联储不像其他公司那样，股东会要求公司做出强劲的表现并要求公司高管对此负责，美联储这个世界的央行不必向任何人做工作报告，这让我的感受更加糟糕。

因为美联储并没有成绩单可供参考，此前“内部人士”写的书本应可以提供一些有用的信息，但不幸的是，那些作者往往倾向于站在有利于他们的立场或他们的业务范围，或者所知仅限于美联储职责的边缘。

最令我困扰的是：

• 美国和西方大多数人并不明白，美联储对他们的生活会产生的巨大影响；

• 他们不关心中央银行的表现；

• 也并没有意识到未来经济崩溃的严重性。

他们应该明白、关心和意识到这些的。

美联储虽然实力和声望有所下降，但它仍然是世界上最强大的机构之一，而且在很大程度上影响我们所有的人。美联储拉动了世界上最大经济体的货币政策的杠杆，并可能对国际市场产生重大影响。除了货币政策，美国经济也受到美国政府的财政政策杠杆的影响，美联储必须协调货币政策和财政政策两套控制措施，以确保市场的稳定。

一个关键的例子，不管是在金融危机发生之前、之中还是之后，美联储的政策行动均造成了全球性的混乱。危机爆发的前后，我自始至终都在第一线，协助美联储团队处理这场崩溃的金融危机。但令我感到非常惊讶的是，那么多关于危机及其后果的书籍和报道，却对美联储货币政策及其危机管理的许多重要问题只字不提，或以误导性的方式进行了解释。这往往对于那些书的作者来说有好处，但对公众来说却是损失。

这些问题包括：

• 关键人物及他们的个性、才能和领导力；

• 导致中度问题爆发，并成为 2008 年全球金融危机的显著而混乱的关键时刻和关键因素；

• 实验性宽松货币政策的无效性和长期的有害性；

• 美联储有必要放弃对在当代世界金融背景下不再有效的政策和模式继续上瘾的顽固念头；

• 现任美国总统唐纳德•特朗普的财政政策和其全球言论所带来的额外风险。

一场灾难正等待着我们

2017 年年中，开启了自 2008 年金融危机最黑暗的时刻以来的美国和全球经济发展最为重要的时期。自 1998 年以来，普通美国人就没再见到过经济的“阳光”，大约每十年一次的危机正在困扰着我们。

由于政策判断严重错误，美联储把自己逼进了一个角落。它实行了至少 8 年的宽松货币政策[①]，远远超过实际所需要的时间，由此创造了我们将要讨论的无数的严重风险。

我在职业生涯的早期学到了这一点，经济模式和观点在它们被证明不再那么美好之前都显得很棒。把实验政策放在一边，美联储正常的货币政策看似固执地和计量经济学以及很多人曾经持有而不再继续持有的意见绑在一起。此外，中央银行也经常达不到其增长目标和通胀目标。

而且，美联储有一个很糟糕的习惯是，不把实现不了目标的事实怪罪到自己身上，而是指责他们没有考虑到的任何一件全球经济事件的发生。他们甚至给这些意外事件起了个名字——“意想不到的逆风”。久而久之，市场几乎不再认真地把美联储对于经济的看法当回事儿了。

美联储的货币政策本身就已经产生了足够的风险，并将美国和西方经济推到了悬崖边缘。从某种程度上说，美联储制造了近十年来的国内经济萧条，美国贫富之间的差距进一步扩大了。国际货币基金组织总裁

① 宽松货币政策（Easy Monetary Policy），总体来说是增加市场货币供应量，比如直接发行货币，在公开市场上买债券，降低准备金率和贷款利率等。货币量多了，需要贷款的企业和个人就更容易贷到款，短期内会使经济加快发展。这是促进繁荣或者抵抗衰退的临时措施，经济企稳后应尽快退出。

克里斯蒂娜·拉加德将这种状况称为西方的“新平庸”。美国和全球经济继续疲软，许多人正在经历着由美联储驱动的人为的资产泡沫，这些泡沫会很快破裂，造成严重的国内风险及潜在的全球性不良后果。

货币政策失败所带来的巨大风险仿佛还不够似的，我们还面临另外一个风险。中央银行政策的失败在很大程度上帮助了共和党候选人唐纳德·特朗普赢得了 2016 年美国总统大选。2017 年 1 月，在一股巨大的浪潮推动下，特朗普入驻了白宫椭圆形办公室，这股浪潮是因美国人对全球化[①] 承诺所带来的生活水准改善的梦想破灭所推动的。在美国国会和美联储政策制定者引导下的全球化，并没有帮助等待已久的美国人圆梦。十年前，美国人民已经经历了一次金融危机的火海，现在，我们一再被告知我们是走在上坡路上；然而，我们的前途似乎陷入一片迷雾中，无法对前方正确道路进行清晰的观察。我们的领导人试图透过迷雾看清道路而未果。

“特朗普风险”非常严重，它包括：

• 截至 2017 年 6 月初，特朗普未能出台他将通过国会审议成为法律的财政和经济政策。市场不喜欢长期的不确定性。

• 任何将制定成为法律的民族主义政策将进一步危害经济，这是经济学的基础。市场不喜欢经济学上的愚蠢行为。

• 当特朗普远离其在竞选活动中所提出的问题时，他可能会失去许多核心追随者的支持。例如，对我们的贸易伙伴来说，不会有任何疯狂的贸易制裁——他通常针对中国，声称中国“窃取”了数百万美国制造业的工作。我们会在这本书中研究一下这个问题，但是总统不会再收回数百万“被盗”的工作，因为没有任何地方可以收回这些工作，五分之四这类工作岗位由于技术进步而永远消失了。此外，由墨西哥出钱建筑美墨边境之间的隔离墙的计划也不会实现。

• 有限的选民支持转化为有限的国会支持。我预计，特朗普根据自

① 全球化（Globalization）是一种概念，也是一种人类社会发展的现象过程。通常意义上的全球化是指全球联系不断增强，人类生活在全球规模的基础上发展及全球意识的崛起，国与国之间在政治、经济、科技、文教上的互相依存。

己的意愿制定成法律的政策会寥寥无几，他将把这视为一种“失败”。

• 我们将会讨论这一点，当特朗普认为他“失败”的时候，他倾向于从挫折中作出极端的决定，这进一步增大了由他提出的政策和不当言辞造成的政治动乱的高风险。

• 美国需要永久性和有生产力的工作，而不是特朗普建议的临时的和低生产力的工作。

• 现在，我们还必须在一团乱泥中生活，并面临总统特朗普孤立主义型政策潜在的风险和不当言辞造成政治动乱的风险。

看来，一场金融灾难正等着我们，它的影响将会非常极端！

可以预见，中国将被正式地认定为全球经济的领导者，并可能持续数十年保持这样的地位。我们的东亚朋友很有可能在不久的将来实现这个目标，而且西方经济的崩溃，将导致更多新兴的经济超级大国更早地取代美国。

现在的问题是——他们是否准备好了发挥这个领导作用？我相信他们准备好了。虽然我会在最后一章谈到这个问题，但是这个主题的详细讨论会是另一本书。

美国早就该认识到我们的朋友所取得的巨大经济成就，了解自己面临的挑战，并把他们放在平等的地位。中国人是战略思想家，通过持续的五年计划推动长期经济目标，精心追踪所取得的进步。他们取得了长足的进步，并会继续在城镇化、解决收入不平等和保护环境等方面努力，同时做好以制造业为主的出口国向全球顶级服务商的转变。

我经常开玩笑说，我对美联储进行建设性批评感觉上就像上国家电视台抱怨纽约的黑手党。美联储和黑手党一样，透明度很有限，也不欢迎任何人的批评，更不用说接受来自内部成员的批评，这是一种很尴尬甚至有些可怕的感觉。

然而，很久以来我们一直保持沉默。那么现在到了我们清楚地解释将我们引向悬崖边缘的不良政策后果的时候了。我们很可能会很快从悬崖上坠落——这取决于美联储和其他国家的央行是否会及时采取更全面、更现代化的货币政策策略来缓冲这个过程。目前的做法有可能会加速下滑。

手持柴火的灭火人

因此，我写了这本你正在阅读的书——《手持柴火的灭火人：美联储》。主书名的意思是，不要在手持柴火的时候尝试去扑灭火焰，那只会加重火势。这个喻意非常适用于对这场金融危机的解决方式：实施的解决方案加重了问题，而不是解决问题。你将看到，我的这个观点是一根粗壮而明亮的线，贯穿在整本书中。

这本书通过一个非常清晰的窗口，提供给读者一幅有关美联储领导力、才能和其政策反应所造成的全球影响的鸟瞰图，同时还附送汁多料足的“美联储内部”细节故事，供读者调节口味。

说实话，这本书的诞生并不是一帆风顺的。起初，我有机会听到过一位顶级出版商的以下高瞻远瞩的想法。

我的时间可不多，我还有很多重要的会，不过我看了你的策划书。我先和你说一下我的想法吧，这样你可以在接下来的20分钟里面对我的想法作出回应。……老实说，我差点立刻把你的方案抛到了“暂时不予考虑”的那一堆里面，直到我再次看了看你是谁。你二十多年的美联储行政经验让我很感兴趣。

假如我说错了的话请指正，但我的理解是，你建议读者立即需要理解以下问题：

- 美联储的权力。（我点了点头）
- 已经出台的政策的失误。（我点了点头）
- 这些失误以及我们新总统的政策和言辞的不确定性对美国和西方

构成了灾难性风险。（我点了点头）

• 如果这些风险最终像您所相信的那样表现出来，美国可能被中国等国家替代，这些国家将站到世界经济秩序的顶端。（我点了点头）

• 此外，在这些问题上，您将分享您的无偏见的“内幕消息”，为美联储的内部工作人员和领导人增添色彩。

很好。问题是——除了你以外，我没有看到其他书籍写到或金融电视节目的嘉宾预测到这样的一幅恐怖图景。

所以——我担心你的书的唯一买家将是你的母亲和我。你要明白，我们出版一本书最主要的目的是销量。因此，我认为你的想法没法启动。

好吧，我好像已经占用了你一半的时间了，我的时间有限，下面请你开始吧。

咻！第一个和我讨论这本书的头发灰白的出版商并不热衷于我的方案。不过，我并没有把这位出版商先生的粗鲁态度和评论放在心上。在美联储的二十年里，我见过更糟糕的。

我迅速确定了如何最有效地缩短我的演示并回答他的那些问题，然后我对着他那暗红色的高椅背做了大约 8 分钟的演示。出版商先生疯狂地对着他那杂乱的桌子上的文件一顿搜索，不知在寻找什么，可能是下一场重要会议的文件吧。

我说完后，他嚷嚷着要赶去另一个会，并迅速地把一堆文件放在他的公文包里，然后拍了拍我的肩膀，跑出了办公室。

“我会再和你联系的”“谢谢你”或“祝你有个美好的一天”之类的客气话一句也没说。

哦，顺便说一句，他当天晚上打电话给我，语气出乎意料地得体和职业。他说，他和华尔街的朋友打了几个电话，觉得我在缓和他的想法上做得很出色。他问是否可以在第二天早上给我预订一辆车，以便我们可以再次见面，并立即着手签订出版合同。

我最终选择了一个更好的有着更高诚信的出版商。

阅读时值得思考的重要问题

最后，如果此书未能引导你进一步思索以下重要的问题，那么我会认为这本书是失败的。这些问题包括：

• 美联储的领导力和分析才能的整体水平足够应对当今复杂的、互相关联的全球经济状况吗？

• 如果错误是最好的老师，为什么美联储不断地重犯同一个错？

• 西方是否意识到，美联储有害的货币政策与特朗普总统的财政政策和不当言辞的潜在的重大影响？

• 西方是否准备好逐渐离开美国，进一步发展与中国的战略经济关系了？

• 美国在世界舞台上如何对经济上“降级”做出反应？

现在好好享受阅读吧，让我们在下一次大火中见。

正如你将读到的，马戏团小丑也会在那里。

华盛顿美联储总部（艾斯克大厦）

第一章 顶层猎人——美联储相关的人

FEDERAL RESERVE

我们对事实的认识取决于我们所处的地位和我们的观察习惯。

——沃尔特·李普曼（美国新闻评论家和作家）

艾伦·格林斯潘

艾伦·格林斯潘[①]：一位复杂的领导人

1990 年初秋的一个傍晚，我在工作上遇到一些烦心事，于是提早一个小时下班来清一清头脑。

我决定去我最喜欢的一个放松的地方——美联储的一个隐蔽的网球场，其坐落在中央银行和国务院之间。那是一个天气阴沉又格外闷热的下午，我那两只好奇的松鼠朋友正躲在某个角落等着迎接我，过去的一年中我们经常见面，它们在我面前感到很安全。

尽管美联储员工和公众被允许使用这个孤立的地区，但很少有人知道它的存在，更不用说使用它了。你看，从美联储的堡垒中逃离出来的秘密并不多。

① 艾伦·格林斯潘（Alan Greenspan，1926 年生），美国犹太人，曾就读于纽约大学和哥伦比亚大学，经济学博士。他 1974—1977 年任总统经济顾问委员会主席，1977—1987 年任纽约市工业咨询公司董事长兼总裁，期间还担任过全国社保改革委员会主席，1987—2006 年担任美联储主席，2010 年因“零通货膨胀理论”获诺贝尔经济学奖。1997 年 4 月他与美国全国广播公司记者安德烈亚·米切尔结婚。代表作有《我们的新世界》等。

我来到我最喜欢的长凳前坐下，深吸了一口气。因为希望快点来到这个放松的地方，我走得比平常快，因此出了点汗。呼气的时候，我瞥了一眼网球场东北角旗杆顶端树立着的美国国旗。这象征着勇气、警惕和正义的红白蓝旗帜耷拉着脑袋，不知什么原因，这块宁静的区域并没有给它提供在风中飘舞的机会。

虽然网球场大部分区域空着，但有两位较为年长的先生在打球。经过仔细察看，我确定那是美联储主席艾伦·格林斯潘与他亲爱的朋友——权尊势重的美联储长官韦恩·安杰尔在比赛。反正也不急着回家，于是我静静地坐着，希望能够享受一场精彩的比赛。

尽管这两位都是社会地位高贵的精英人士，他们的穿着却讲述着不同的故事。格林斯潘穿着时髦的温布尔顿网球衫，而那位高管却穿着一件褪了色的 T 恤衫和黑色的跑步短裤。

这两位先生似乎都不是网球高手，特别是格林斯潘主席，看上去运动细胞不够发达。事实上，在与安杰尔的场上反攻中，格林斯潘把黄色网球误击到旁边的栅栏上去了。

格林斯潘大叫道：“该死的风！我要调整一下！”安杰尔回答道：“是啊，主席先生，今天风真是大。”

由于比赛比较无聊，而且我也饿了，我起身准备离开。

在我走向出口叫出租车的短暂行程中，主席在十分钟内第二次把球打过了栅栏。虽然这两位先生现在在我的背后，我听到格林斯潘大叫：“这该死的风，呃！”我马上想到了孩提时母亲讲给我听的智慧警句：

> **衡量一个人的智力要看他做出改变的能力如何。**

我离开的时候，没能听到长官对他亲爱的朋友和同事的回应，但我怀疑和那并不存在的大风有关。

顺便说句，那天我错过了松鼠的迎接。

行动中的主席

“格林斯潘主席的时代将永远被定义为一个显著的经济增长、高生产力以及为所有美国公民提供了前所未有的创新和机会的时代。他信奉经济自由、开放、灵活的市场和无限的人类创造力。在担任美联储主席的 18 年里，他以连贯镇定的、充满智慧的方式应用了这些原则。”

格林斯潘于 1987—2006 年担任美联储主席，大众眼里的格林斯潘是美国历史上最受尊敬和最有影响力的经济学家之一。小布什总统授予了他美国最高的民事荣誉——总统自由勋章，并对他做出了以上这段话的评价。和其他留给人们刻板无聊印象的美联储领导人不同，大多数人认为格林斯潘主席讨人喜欢、爱交际，在华盛顿和华尔街都很有名人地位。国会议员们和银行高管热衷于和他合影留念以及索求亲笔签名。

因为他的与众不同，格林斯潘享有任何其他主席都无法企及的影响力和声誉。他不是那种想把政治关在笼子里的专家。相反，他拥抱政治，也喜欢权力的游戏。他理解权力，并善于行使他的权力。

在他最近出版的书中，字里行间透露出他那高端的生活带给他的显而易见的乐趣。他漫不经心地提及白宫的尊贵、上层精英专属的白宫网球场以及纽约肯尼迪中心的总统贵宾席。他甚至在书中对他的社交日历做了大公开，让他的影子写手列出了这些闪耀的名字：“我确实建立了一个美好的朋友圈：亨利·基辛格（Henry Kissinger）和夫人南希，奥斯卡·德拉伦塔（Oscar de la Renta）和夫人安妮，菲利克斯·罗哈廷（Felix Rohatyn）和夫人利兹，乔（Joseph H.Lauder）和夫人雅诗·

兰黛（Estee Lauder）。”

此外，还有芭芭拉·沃尔特斯(Barbara Jill Walters)，她是格林斯潘在和安德烈亚·米切尔（Andrea Mitchell）结婚之前交往了多年的女朋友。艾伦和安德烈亚的结合是一场权力的婚姻，被称作媒体、政府和金钱的结合。

在公众场合，他看上去似乎是一个常常因他的名人地位而激动不已的自恋者。然而，在幕后，很多人却觉得他是另一番模样。

私底下的主席

私底下，格林斯潘主席：

• 显示出严厉而令人生畏的独裁个性，这限制了对美联储关注的问题进行公开讨论；

• 崇拜有争议的哲学家和自由主义者艾茵·兰德；

• 以尴尬闻名，像避免瘟疫一样避免冲突，除了对精英外，缺乏对任何人感兴趣。

操控利率的人

格林斯潘不喜欢冲突，鄙视任何深深质疑他的政策的人。为什么？在我看来，这只是主席非常复杂的个性的一部分，他对许多事情的不信任驱使他形成了顽固和严厉的性格。当问题以“他的方式”被处理时，他能够全权掌控，因为除了他自己以外没有什么人去“不信任”。对于那些有勇气说出心声，提出反对观点的人，如果观点涉及格林斯潘已经做出了决定（通常是很多年前）的问题，那么他根本就不把这些观点放在眼里的。

纵观我 20 年的经济学家和行政管理人员的工作生涯，我可以肯定地说，一个团体的领导者如果有着令人生畏的独裁个性，对这个团队来说是非常不利的。举个例子，我聘用了那些不仅头脑聪明也勇于提供反对（专业）观点的人。我不想被所谓的“点头说是”的人包围，也不想恐吓任何人一定要同意我对某个问题的思考方式。我坚信，对各种不同的想法进行讨论一定会产生最好的结果，一个强有力的、有效的领导人应该促进这种讨论。

格林斯潘不是一个好的领导人。事实上，凭着他的名流身份和令人生畏的个性，几乎在所有方面，他都主宰了美联储及其政策以及大部分国会和新闻界。

美联储是一个共识共治的机构。董事在投票方面是平等的——就像最高法院，那里有首席法官，但他们都只有自己的一票。

通常我们认为，利率动议是由美联储的委员们共同决定的。然而，这个事实实际上描述的却是一个虚构故事，因为彼时的美联储已经成为格林斯潘的美联储。毫无疑问，操控利率的人是格林斯潘，这是他喜欢的方式。

几乎没什么人能越过他。

有限的反对观点

在美联储内部，大家都知道，格林斯潘主席对前副主席艾伦·布林德和现任主席珍妮特·耶伦[①] 感到恼怒，这两个人不随大流，经常推翻他的建议。当然，他们基本上赢不了争论，因为其他人奉从格林斯潘的命令。布林德是一个具有良好声誉的主流经济学家，但最后在美联储工作了仅仅18个月后便沮丧地离开了。不过，耶伦留了下来——我明白，她之所以并没有和布林德一样地被告知“不要把你的想法说出来”的遭遇，因为，一，她并不是布林德那样的顶级经济学家，所以她的言论引

① 珍妮特·耶伦（Janet L.Yellen），1946年出生于美国布鲁克林，2014年2月接替伯南克就任美联储主席。她是耶鲁大学经济学博士，长期担任加州大学伯克利分校经济学及商学院教授。代表作有《令人惊艳的十年：二十世纪九十年代的宏观经济经验与教训》等。

起的注意力更少一些；二，她是女性，他想用对付小孩的手法对待她。

事实上，这两人都没有给格林斯潘主席留下深刻的印象，也没有被他的个性恐吓到，而且都大胆地说出了自己的想法。此外，我向你保证，现任主席耶伦不需要什么特别待遇。

格林斯潘“仪式”

我的慢跑搭档（一位美联储经济学家）将“格林斯潘仪式”描述为：主席强烈地表达自己的政策偏好，并且“狡猾地要求”，而不是命令员工提出支持他的观点的材料。大多数人都很乐意这样做，因为他们绝对希望著名的美联储出现在他们的简历上。

珍妮特·耶伦

艾伦·布林德

艾伦·布林德[①]

① 艾伦·布林德（Alan Stuart Blinder，生于1945年），美国经济学家，前美联储副主席。1988—1990年他担任普林斯顿大学经济系主任，并创立了普林斯顿经济政策研究中心，1996年1月31日，他辞任美联储副主席，后专注学术研究，荣获全美商业经济学协会颁发的“亚当·斯密奖”，代表作有《当音乐停止之后：金融危机、应对策略与未来的世界》等。

“哦不，联邦公开市场委员会[①] 的决定是由艾伦·格林斯潘亲自做出的。他会事先做好决定，通常会在联邦公开市场委员会会议之前的星期五过来，基本上就是来告诉我们，他认为星期二的会议应该决定什么。顺便说一句，如果你想提出反对意见但不是在整个委员会面前提出的话，这是你的机会。那是他的风格。格林斯潘很可能是你看到的最专横的主席了。”

1994 年中期，艾伦·布林德被任命为美联储副主席。就像他今天一样，当时布林德就被许多人认为是这一代最伟大的经济学家之一。除此之外，他还创立了普林斯顿大学经济政策研究中心，担任克林顿总统首席经济学家。

联邦公开市场委员会会议（2016. 4. 26）

① 联邦公开市场委员会（简称 FOMC），隶属于美联储，主要任务是决定美国货币政策（即公开市场操作、制定贴现率、制定法定准备金率），通过货币政策的调控来达到经济成长及物价稳定两者间的平衡。它由 12 名成员组成，包括美联储总部 7 名理事，纽约联储银行行长，其他 4 名由另外 11 个联储银行行长轮流担任。

我对这次任命感到非常惊讶，因为就我对他有一点点了解，很显然布林德代表着经济思想的主流，他并不是那种能够和格林斯潘主席很好地在一起工作的人。此外，我曾经有机会在一个经济政策小组中看到他，他颇为积极地争辩他的观点。当时我想，我可能误会主席了，也许他不像我所说的那样极端，也许他对反对意见也有真正的兴趣。

门儿都没有。布林德对格林斯潘对联邦公开市场委员会（FOMC）的看法的频繁挑战和其他事项使主席颇为恼怒，格林斯潘指挥他的一位高级职员警告布林德的一位同级的高级职员，挑战主席的行为是不会被容忍的。此外，媒体可能受到安德烈亚·米切尔（格林斯潘的媒体红人妻子）的推动，将副主席挂钩为“口头委员会（OMC）的领导者”。不久，布林德辞职了。这位明星经济学家只担任了 18 个月的美联储副主席，于 1996 年年初离任。

到现在为止，我都不明白为什么格林斯潘批准了这个任命。可能他当时试图改变他的方式，想试试对其他观点更加开放吧。

此外，格林斯潘主席有些想法在当时还不是很盛行，因此，在某些特殊的情况下，他会因此大发雷霆。

“你肯定不会相信，但是主席真的发疯了。他对于波士顿（联储银行）继续发表他们的抵押贷款研究非常生气。实际上，说生气是重大的低估。他的办公室门开得很大，能听见他对每通电话那头的人都大喊大叫。现在他正对着地板发狂，一边骂骂咧咧，一边对每个他瞧见的无生命的物体用某种可笑的形式进行空手道劈斩。你一定得看看这个喜剧节目，他快要把他的右手打破了。”

一位同事打电话来为我提供了格林斯潘爆发事件的实况转播。美联储公布第二次抵押贷款研究表明，政府的住房政策没有落实到贫困和少数民族地区之后，他在他的办公室里发起飙来。他已经对过度的房屋市场政策感到恼怒，并认为波士顿的研究肯定会引起国会再次采取行动，试图解决市场能够自行解决的问题。

1997 年美联储理事会成员（布林德之后）

格林斯潘言辞

如果你觉得我说的话特别明朗，你一定是误解了我所说的话。

——格林斯潘，1987 年

显然，经济学是一个不精确的行业，追溯效应产生的原因可能很难，特别是政府的官方行动。但是，格林斯潘设计了一种方式，来获得认可或避免责任，无论政策或声明表现良好或不好，这种方式都似乎有理。这就是模棱两可的言辞的建设性所在！他的战略不仅保住了美联储的独立性，而且保住了主席的声誉。

这种讲话方式就是提供给听众很少的信息，但让他们听的时候有种满足感，在讲话中使用复杂的学术性的经济术语、精英词汇和主席的名人身份的某种组合会让听众很满意。格林斯潘故意用常人听不懂的方式喃喃自语，结果似乎是一切完全由他掌控。

这被称为格林斯潘言辞。在这个短语成为普通的白话之前的很多年，就已经在美联储内部被开玩笑地提起，这个短语指的是格林斯潘使用编码了的、谨慎而混乱的语言。

我的同事把它称为“建设性歧义”。这是一个很好的描述，因为表达清晰可能会导致他所鄙视的冲突。有些人可能会以外行的话来理解他所说的鬼话，然后跟进一个有见地的问题，比如：“主席先生，你真的知道你在做什么吗？”

我一直认为这是“愚蠢的散文”。找一个朦胧不清的名词，把它附加到一个模糊的动词后面，然后再把两者插入到一个未定义的对象，现在你也有资格加入主席的发言者俱乐部了。

试一试吧。不，我是认真的，来吧！“我可以冒昧地说，参议员所讨论的各种动态可能会对相关概率产生负面影响。”明白了吗？

没有人会知道你在说什么，但如果你是美联储的主席，也不会有人抱怨你含混不清。不知何故，他们会认为你可能会生气，搞砸他们的退休金或股票市场。

听众倾向于会想，“哇，我听不明白他的话，他一定很聪明。”我们知道不是这样的。

1991 年的一天，格林斯潘刚从一个会议的演讲回来。他走进他的一个高级助理的办公室，尴尬地笑了笑，说“2.5 ——啊我是对的”，然后踉踉跄跄地离开了房间，撞到走廊墙上，并喃喃自语了一句：“这些该死的墙。"那位高级助理简直要笑趴了，她赶紧关上了办公室的门，以防主席听到她控制不住的笑声。

他所有的演讲仅是为房间里最聪明的人所编写的，聪明程度从规模1（不聪明）到10（高智商）。在这个例子中，主席认为他刚才做演讲的观众的聪明程度是2.5，即在经济问题上不是特别聪明。这些非正式的演讲，是由工作人员所筹集的，因为它们并不需要太多的"格林斯潘言辞"，听众对话题的基本点并不需要高深的理解。相比之下，给他所认为的更聪明的听众演讲更难做准备，因为他们需要大剂量的"格林斯潘言辞"。主席认为，为了防止更聪明的听众质疑他的政策，他需要通过提供详细的数据、特大号字和无意义的术语来混淆和吓唬他们。

只有少数议员看透了格林斯潘言辞，并没有被主席吓倒。他们中间最持续和最有力的代表是德州议员罗恩·保罗。他是一位几十年来一直担任国会联合经济委员会的经济学者。保罗是主席的"刺"。虽然格林斯潘现在可以吹嘘自己在国会面前进行"有目的的混淆"，但毫无疑问，罗恩·保罗并没有被愚弄。

自由市场之顽固

随便问一个美国人在想到艾伦·格林斯潘时，第一个想到的是什么政策偏好，100个人里面有95个会告诉你，是对不受监管的市场真诚而根深蒂固的坚持。

然而，有几个重要的问题让我质疑他的信仰的"真诚的深度"。例如，对我来说，一个完全自由市场人士接受美联储主席的职位是很奇怪的。在我看来，"我相信完全自由的市场"和"但我要接受美联储主席的工作"是相互矛盾的。为什么？因为中央银行和自由市场八竿子打不到一块儿，央行就是个以设定利率来大规模干预市场的角儿。

此外，作为一个训练有素的经济学家，应该知道整个自我监管的概念是荒谬的。为什么？在基本经济学中，学生被教导说，市场监管的主要原因是参与者通常是自我关注的——他们只考虑他们对公司的决定的微观影响，而不关心跨市场的更广泛的影响。例如，当一家银行失败时，它将考虑其直接成本和收益，而不考虑社会其他部门的成本。所以，这些外部效应是政府监管的动力。

哲学家艾茵·兰德①

“艾茵·兰德是我生命中的稳定力量。当我第一次见到她的时候，我们很快就感受到了彼此的志同道合。她是引导我理解个人和社会行为的灯塔。”（格林斯潘）

那么，为什么这个顽固派要坚持市场不受监管呢？这可能是源自他对艾茵·兰德的崇拜。

据我所知，格林斯潘选择兰德在他 1974 年就任总统经济顾问委员会主席时一同现身舞台。

在 1987 年秋天的一次慢跑中，我前面提到过的慢跑搭档告诉我，咱美联储主席是一个教派的成员，他们遵循激进的自由主义哲学家艾茵·兰德的教义，但没有人会公开谈论这种关系。他把她描述成一个梦想成为哲学家的人，小心翼翼地把她的白人至上主义掩饰为一种经济哲学——实为一个种族主义者的狗哨。除此之外，为了解除对她的意识形态提出质疑的人的武装，兰德会利用一种由精英词汇和误导性甚至完全错误的复杂概念搭建起来的混乱的沟通风格。

我的慢跑搭档显然对兰德没啥好评，而在那个职业阶段我还没有听说过兰德，因此我给自己布置了一项作业，研究下她究竟是谁。

① 艾茵·兰德（Ayn Rand，1905—1982），又译为安·兰德，俄裔美国人，20 世纪著名的哲学家、小说家和公共知识分子。她的哲学理论和小说开创了客观主义哲学运动，代表作有《源泉》《阿特拉斯耸耸肩》等。她的哲学和小说里强调个人主义、理性的利己主义和彻底自由放任的市场经济。

看后，我的结论不仅令人惊讶还很沮丧。

我在我们社区图书馆找到了积了一层灰的《阿特拉斯耸耸肩》，那是兰德最受欢迎的作品。在我年轻的阅读生涯中，我不记得任何其他的书像这本书一样透露着连绵不断的、凌驾性的、傲慢的语气，它的尖锐刺耳没有丝毫缓解。它的教条主义缺乏任何吸引力。这本1200页的著作让人感觉非常冒犯，因为它创造了一个这样的世界：只有“聪明”和“有创造性”的人才值得活着，而非其他人。所以，这些“聪明人”开始摆脱“其他人”。兰德对权利和种族主义的两极分化的观点分散在整本书中，这本书最后用书中一个叫高尔特的主角用手指在空中画了一个美元符号来结尾。

咻，这阅读作业可快把我抽干了。我真是花了很大的努力才把它翻完的，因为书中每一页上都印刻了那条残酷而显然的信息——对普通人的愤怒、蔑视和恶毒。

之后，我快速翻阅了她的其他作品。当被问及总结她的经济哲学时，兰德说：“金钱和财富是社会美德的晴雨表。为了确保财富，我反对一切形式的控制。我支持一个完全不受管制的经济。”

哎哟，主席竟然崇拜这样的人？且慢，更糟的还在后头。

在我结束给自己布置的阅读任务之前，我决定看看新闻界对她的著作是怎么评论的。之所以之前一直忍着没去查阅新闻媒体的评价，是想确保我能得到独立于他人的想法的结论。

我对于《纽约时报》关于这本书的一条评论感到沮丧：

“《阿特拉斯耸耸肩》是一场生活和幸福的庆祝。正义是无情的。创造性的个人、不懈的目的和理性实现了喜悦和满足。总是避免目的或理由的寄生虫会死亡。”

什么？？？《纽约时报》的书评家疯了吗？！！

是我误解了。这段话不代表《纽约时报》，他们和我一样，认为《阿特拉斯耸耸肩》是站在全球精英种族主义者的角度，是攻击平民的垃圾。

这段巧言谄媚的话，其实是一位狂热的读者粉丝——格林斯潘写的。那时他大约三十岁，已经是金融界的一个大人物，这是他对《纽约时报》对他偶像作品的苛刻评论作出的回应。

知道这些话出自于刚刚赢得了对诸人财富有重大影响的人的想法，让人有些不寒而栗。

不相信市场监管

我认为格林斯潘顽固的监管方式和他的意识形态使他裹足不前，而且很大程度上导致了崩溃。一个更开明的美联储主席看待事物的观点可能会很不同。

在我参加的一个小组演讲中，他嘲笑一个关于经济类似于大型高科技飞机的比喻。他说，在过去，飞机会摇摆不定。但后来，精密的电子设备允许飞机以一种避免大多数动荡的方式做到平衡。

在他看来，我们所有人生活和工作的经济就像飞机，金融市场就是复杂的电子产品。当金融市场波动时，复杂的工具——就金融体系而言，自由市场的衍生工具——将会吸收风险稳定经济。

所以，他相信并说服很多其他人，金融体系正在帮助稳定经济。如果干扰系统，就会有更多的动荡。

此外，他从来不相信监管机构可以做很多事情来阻止人们做他们本来就要去做的事情。他借用他在摩根大通董事会的经验，证明银行比银行审查员知道的要多得多，最好的做法就是让银行和其他在这个游戏中投了很多钱的大投资者来制定规范。他的观点是：这些人经验丰富，而且他们相互有很大的利害关系，如果出问题了，那么他们知道做些什么来解决问题，才符合他们的利益。

他想错了。

《格拉斯 - 斯蒂格尔法案》① (GSA)

“不幸的是，摆锤正向错误的方向移动。由于三大肥猫（美联储、华尔街和银行游说者）的不适当的交织和贪婪所产生的力量，似乎已经导致国会忘记了颁布法律的初衷。毫无疑问，如果这最终发生的话，这将是另一个华尔街受益而老百姓付出代价的例子。大银行家将赚更多的钱，普通公民将面临更少的选择和更高的价格。”

1998 年的一个傍晚，在一间烟雾缭绕的酒吧，一位同事问我怎么看关于美联储推动国会废除《格拉斯 - 斯蒂格尔法案》的传闻，我对他说了以上这段话。

《格拉斯 - 斯蒂格尔法案》是在美国 20 世纪初大萧条之后通过的，调查显示，大银行滥用其信托义务，兜售所有类型的问题证券，往往涉及利益冲突和内幕侵权，损害客户的利益。国会将这场大崩溃部分归因于这些投机过度的行为。《格拉斯 - 斯蒂格尔法案》使商业银行和投资银行成为两个独立的企业，核心原因是：存托银行对客户承担信托义务，防范广泛的系统性风险。本质上，法律对银行用其存款人的资金进行投机的能力施加了限制。由此，《格拉斯 - 斯蒂格尔法案》阻止金融机构使用保险存款机构来承保私人证券，防止将其转存给自己的客户。

因为我母亲的家庭受到大萧条的严重影响，这让我对其产生的原因和解决方案产生了浓厚的兴趣。我在大学时代广泛地学习和写过《格拉斯 - 斯蒂格尔法案》笔记，并成为该法案的专家。因此，许多人把我当

①《格拉斯 - 斯蒂格尔法案》（Glass-Steagall Act），也称作《1933 年银行法》。1930 年大危机后，美国立法将投资银行业务和商业银行业务严格地划分开，保证商业银行避免证券业的风险，禁止包销和经营公司证券，只能购买由美联储批准的债券。它是由民主党参议员格拉斯和众议员斯蒂格尔提出的。自 1980 年起，该法案屡遭商业银行反对，多次要求废除。1999 年，美国国会通过《金融服务现代化法案》，正式废除了《格拉斯 - 斯蒂格尔法案》有关条款，其结果是商业银行开始大规模从事投资银行的活动，为后来的次贷危机埋下了恶果。

作美联储的《格拉斯－斯蒂格尔法案》信息专家，我和同事偶尔也会在美联储允许的范围内和记者谈谈我的见解。

格林斯潘作为美联储主席最具破坏力的行动之一是推动废除《格拉斯－斯蒂格尔法案》，这是他在摩根大通、花旗银行和旅行者保险公司的老朋友们所倡导的，这样他们可以通过建立更大的帝国来获得更大的利润同时也承担更大的风险。他知道，废除《格拉斯－斯蒂格尔法案》限制会让他从偶像艾茵•兰德的坟墓得到象征性的掌声。对金融机构的银行、证券和保险业务组合的所有限制均已废除。放松管制是国家商业银行的福音，他们被允许组建“大银行”。这是代表金融行业数十年来价值数百万美元的游说工作的成就。

与华尔街的亲密关系

格林斯潘的那些华尔街大鳄们现在可以通过以下方式继续赚取巨额的费用：一，为兼并的公司提供咨询并帮助它们上市；二，通过全球性的一系列脑洞大开的产品和策略来交易和投资以前不被允许如此操作的资本。

已经被一些人视为很有风险的衍生品和证券化市场的增长呈现了爆炸。快速增长与主席对市场进行最小限度的调节这个偏好相结合，制造了一枚等待爆炸的定时炸弹。

这场慢慢蔓延的华尔街崩溃持续了七年，直到 2008 年，终于无法否认格林斯潘的金融放松管制政策和《格拉斯－斯蒂格尔法案》的废除使华尔街在没有任何外来攻击的情况下成为了废墟。

2003 年 8 月的一个雨天，我打电话给一个当时在雷曼兄弟担任高管的好朋友。除了聊了聊家常，我还谈到了我对华尔街公司购买和出售这些高风险的工具感到非常惊讶。

虽然华尔街的奖金因交易和抵押贷款繁荣相关的衍生产品而飙升，

但我很有信心地预测，监管机构最终会赶上他们的脚步并限制他们的风险行为。她很快接话说："理查德，一般有点经济常识的人都会发现这是由格林斯潘持续的低利率驱动的。而且，'大猩猩'（指雷曼兄弟首席执行官理查德·福尔德）说了，利率将会在很长一段时间里保持低水平。不管怎样，假如监管者碰巧赶上了我们的步伐也没事儿，我们就换个别的方法和产品来弄呗。别忘了，华尔街聘请了一些世界上最好的律师寻找现行法律的裂缝，因此企业可以创造和交易任何有风险的产品。"

她的观点是，即使我所质疑的漏洞被堵住了，由于主席对监管自由放任的态度以及他与金融高管们的紧密关系，华尔街很快就会在市场上找到类似的机会。

很遗憾，我不得不很快挂了电话，因为楼里的火警预报响了，我得根据喇叭里的指示撤离大楼。

那时候还没有手机，只有那具有象征意味的警报。

此外，美联储在"911 事件"之后迅速削减联邦基金利率和贴现率，通过降低借款成本，向华盛顿的大型银行提供了数百亿美元的资金。他知道，我们也知道，这就是美联储的生活。

判断失误

在格林斯潘主席的任期内，虽然美国经历了许多稳定的增长和通货膨胀，但在此期间，他也犯了巨大的错误。

有人开玩笑地说，格林斯潘的纽约大学博士学位主要是荣誉学位，而他的论文则根本是复制、粘贴的活儿，基本是由此前公布的非学术文章、脆弱的简介和粗浅的结论所辑组成。一位美联储经济学家告诉我，格林斯潘使用"格林斯潘言辞"，让他"看起来像一个高在云端的先知"，而他本身和先知丝毫搭不上边。

我基本上同意，分析技能和判断力不是他的强项，特别是当他的任期延续时，其判断失误，很大程度上是因为他的傲慢、固执和一般的分析技能导致的。下面的内容有更详细的说明。

• 他反复吹起、戳破并试图清理资产泡沫造成的混乱。如果错误是错误本身的导师，为什么要重复犯同样的错？

• 在收到广受尊敬的专家警告之后，主席仍然坚持市场“不需要条例或监督——包括高度复杂的衍生产品”，直到最后的时刻。

• 他在理解危机前的抵押贷款市场这个问题上相当愚昧。危机爆发后，他告诉 CNBC（美国消费者新闻与商业频道），他“不完全了解次级抵押贷款市场的范围及其问题”，直至现在为时已晚。

他是从什么星球上来的啊？格林斯潘的这个“不完全了解”的借口，是如此荒谬。次级抵押贷款市场的问题在媒体上经常被提及，也出现在各种数据来源上，包括美联储制作的数据来源。银行正在发行数百万美元的欺诈性抵押贷款，而华尔街尽可能快地将这些抵押贷款证券化，这些并不是只有那些有特别安保许可证的人才能获得的最高机密信息，我打赌，花 50 美元甚至他的豪华商务车司机都知道。

为什么他声称自己没有明确看到房地产泡沫，直到为时已晚？咦，这是 2002—2006 年的经济，其掌舵人正是格林斯潘啊！审视这些年来的经济，不可能看不到房地产泡沫的作用。

主席先生，你真的期待我们相信你没有注意到房价急剧上涨？还是你压根儿忘了你注意到了？毕竟，你作为共同撰稿人撰写了一篇文章，其中一些结论是，房价飙升导致消费激增，将我们的国家储蓄率降低到接近零。有可能是有人冒充你欺骗了出版人吧，嗯，是这样吧？糟糕，不是这样呢——你的共同撰稿人是另一位美联储经济学家。

当你看到了泡沫浮动，你也没有花太多时间考虑崩溃的影响。嗯？在住宅建筑的可预测的崩溃与房屋财富损失所驱动的消费下降之间，是损失超过 3 万亿美元的需求。格林斯潘认为怎样才能填补这个差距，购买艾茵•兰德的书？

此外，在危机之后，主席反对“大而不能倒”的立法，虽然他疯狂地组织了私人收购长期资本管理公司①（LTCM）。假如他无法实现私人救援，美联储将会进入，因为LTCM太大了不能倒下。现在，如果自由市场反对立法限制系统性重要机构的规模，为什么他准备好了救助LTCM？我猜，当你的华尔街朋友没有受到影响时，自由市场的原则更有意义。

2011年，格林斯潘为《金融时报》撰写了一份报告，并多次就银行业务变动提出了意见。带着格林斯潘言辞的口吻，他经常讲述他的担忧：“银行资本要求的增加将需要建立一个闲置资源的缓冲区，而这些闲置资源不是用来生产货物和提供服务的。”

嗯？这个说法是荒谬的，任何上过入门级经济学课的人都知道。资本要求限制了银行如何获得资金，而不是如何使用这些资金。更高的资本要求将是银行为其投资组合中的较大部分资金加大投入，从而减少存款或贷款。资本要求并不是通过购买一个昂贵的平时用不到的发电机来对付下一次停电的应急计划。

社交尴尬

当格林斯潘还是美联储主席的时候，我和他有过多次互动。6英尺高（约182cm）的他显得有点敦实，他的表现和他在摄像机镜头前或鸡尾酒会上所表现出的那种名人的精练优雅很不同。他显得很孤傲，有些社交尴尬，还有点心不在焉，一副痴迷于数据的书呆子样。

格主席无法很好地与普通的美联储员工沟通。我记得他对日常问题的回应的一个故事。格主席的一位分析师问他，是否可以就他撰写的年度业绩审查提供进一步的深入分析。格林斯潘这位与普通人沟通存在困难的人差不多是这么说的，“如绩效评估等组织激励制度的许多共同特

① 长期资本管理公司（Long-Term Capital Management）成立于1994年2月，总部设在离纽约市不远的格林威治，是一家主要从事定息债务工具套利活动的对冲基金公司。1998年9月它濒临破产，被美林、摩根出资收购，于2000年倒闭清算。

征并不能很容易地用传统的经济理论来解释，但是劳动力市场是起作用的”。然后他居然粗鲁地打起电话来。用外行的话说，就是“我没有其他见解啦”。

此外，他经常在谈话进行到一半时受到有影响力的人的分心。有一次，他向工作人员问了一个问题，还没等收到答复，他就粗暴地开始与进入房间的另一个人交谈起来。我有一个朋友参与了格林斯潘的许多演讲稿的准备，他经常会问她的意见，然后就转移到一些无关紧要的话题，例如货币的历史，似乎忘记了他刚问了她一个问题。

和别的美联储主席不同，格林斯潘几乎从不在美联储的大食堂吃饭。我一次都没有在食堂见过他。格林斯潘先生不喜欢和普通人一起在美联储的大食堂吃午饭，相反，他总是在他的私人行政餐厅单独或与有权的华尔街高管、国会议员、媒体或好莱坞明星一起用午餐。

“我部分错了”

随着由于房屋市场崩溃的震荡引发的系统性金融危机的爆发，格林斯潘遭到了国会和新闻界的强烈质疑。“格林斯潘言辞”不再管用——我们手头有一场灾难，他们想知道是什么原因导致的。格林斯潘前往国会接受质问。我们知道他会被炙烤，许多高级工作人员聚集在美联储休息室看他的答辩。

没用多久，就有国会议员问他这个我们都在等待的问题——“在市场能以没有或最少的监管来监督自己的这个问题上，你是不是错了？”所有在美联储休息室的人都沉默了，盯着屏幕上他的脸。前主席格林斯潘停了停，咽了口口水，做了个深呼吸，说“我部分错了”。

整个美联储休息室震惊了，甚至超过了此前崩溃对世界金融市场的震惊程度——这是一个意义深远的事件。这是我们任何人能回忆起他在任何问题上第一次的承认错误。此外，他的承认并不是通过格林斯潘言辞在一个嘈杂的酒吧房间发出的——不，他用简单直白的英语向整个世界承认错误了。

哇——我和我的同事知道我们刚刚目睹了一个丰碑式的时刻，我们本能地开始鼓掌、高呼、互相握手。

你可能会想，“部分错了？”这本书描绘了他极端的自由市场思维，远远不只是危机的一小部分。到底是哪个呢？

他不仅仅是部分地错了，他以他自己复杂的表达方式承认了这一点。前主席承认“我部分错了”，相当于世界上其他任何人说“我很抱歉，我完全错了”。放到今天来看，格林斯潘的认错会比特朗普总统向他冒犯的某人道歉更令人震惊。

然而，这次承认错误，格林斯潘把在三十多年的职业生涯中积累起来的从未用过的自我批判的燃料都用尽了。他不能再多说一次“自由市场失败了”。

事实上，国会议员后来问他需要做出什么监管变革，主席的答案绊倒了，似乎回到了我们都知道的格林斯潘。他回答说，他不知道，但是“无论监管如何变化，与现在市场上已经明显的变化相比，都会是相形见绌的——推进现在的市场将远远比推进任何设想的新监管制度下的市场更受限”。

哇！我们这些在电视休息室里的人认为他的答案基本上抹掉了他先前那“部分错误”的承认。不过，我不知道美联储以外的人是不是这样看的。事实上，几家财经新闻的头条新闻包括：

- “我犯了一个大错。”格林斯潘承认。
- 格林斯潘说他在监管方面错了。
- 格林斯潘承认自由市场的意识形态是有缺陷的。

我赞扬格林斯潘主席的证词。三十多年来，他参加了“自由市场教会”的全球电视服务，但以他自己的方式向世界承认，“教会”是建在一个非常摇摇欲坠的基础上的。

鉴于前主席一贯的个性，承认错误显示了他高度的谦逊和诚实行事的一面。

格林斯潘的枕骨

2002 年，我阅读了格林斯潘主席将在第二天举行的精英经济学家研讨会上的讲话，发现在唯一的“非格林斯潘言辞”部分，他试图将他的名字从互联网泡沫失败的任何错误行为中清除。他的演讲包括了以下方面的清晰的想法：

“美联储无法认识到资产价格的上涨，所以不能进行干预。但是，我们可以认识到资产泡沫的破灭，并减轻其后果。”

他还是披上“格林斯潘言辞”的外衣更好些。

他似乎忘记了美联储和私人经济学家在面对资产泡沫时，中央银行应该做些什么而做出的优秀工作，这已经够糟糕的了。显然，你需要了解一些事情来做出回答。我稍后再来谈谈这个研究。

然而，更糟糕的是他对华尔街和大型银行的短浅意见，如果他们赢了赌注，美联储不会限制其收益；如果他们输了赌注，美联储则将限制他们的损失。连一个高中生都可以预测，这种对市场的前瞻性指导将鼓励过度冒险。

在第二天发表演讲之后，金融界立即将主席的保证，即美联储将在资产价格下面铺上一层地板，称作“格林斯潘对策”——应对资产泡沫的对策。投资者越来越相信，在危机或经济衰退期间，美联储将进一步注入流动性，直到问题好转。美国经济学家、诺贝尔经济学奖得主约瑟夫·斯蒂格利茨[①] 批评这一对策是将利润私有化和损失社会化，这使得在 2008 年金融危机之前的市场充斥着投机泡沫。美联储的一些经济学家和高管私下开玩笑地将这一对策称为“格林斯潘枕骨”——枕骨是处理数据的大脑部分。

自 15 年前发表这个演讲以来，资产价格通胀的火焰间歇性地刺激了枕骨。例如，当我在 2017 年中期完成这本书时，美国股票价格已经膨胀到无法被它们的市盈率所支撑。此外，由于美联储八年来将利率设定在接近零，这些市盈率已经被人为膨胀。

主席忘记了的研究

多年来，经济学家辩论了“美联储应该积极戳爆资产泡沫吗？”的问题。正如我们社会科学家研究的大多数问题一样，有各种各样的意见存在。简单起见，我将其分为两个一般类别。

- “是的，但缓慢而谨慎地”——美联储应该尝试逐渐地将资产价格从推定的泡沫路径转向（也称为“反对泡沫”策略）。
- “不，永不！”——中央银行的授权不包括作为资产投机方或仲裁方。

不管它所处的类别如何，这一领域的工作已经跨越了一个相关和潜在的关键问题，需要首先或同时进行审查：

- 美联储政策在吹大资产泡沫方面发挥什么作用？
- 如果确实发挥作用，应如何根据趋势修改货币政策？

然而，中央银行是一个强大的机构，经济学家在公开批评其领导和政策方面会有一些不安。此外，对那些我认为与受到最多关注的事项一样重要的话题，我们的研究却少得多。

① 约瑟夫·斯蒂格利茨（Joseph E. Stiglitz，1943 年生），美国经济学家，美国哥伦比亚大学校级教授，哥伦比亚大学政策对话倡议组织主席。他于 1979 年获克拉克奖，2001 年获诺贝尔经济学奖，1993—1997 年任美国总统经济顾问委员会委员，后任主席，1997—1999 年任世界银行资深副行长兼首席经济学家。代表作有《经济学》等。

我的研究表明，货币政策出台，是资产泡沫形成和增长的速度超出预期的结果。我强烈建议各领域的经济学家，对如何修改美联储政策来避免增加或引起泡沫提出更多的建议。

我母亲的见解

我的母亲在北费城一个贫穷而萧条的社区中一手将我抚养成人。她是一个美丽而伟大的女人，充满爱、慈悲、耐心、勤奋、自豪和智慧。虽然她作为第一代意大利移民高中都没有毕业就去工作了，她教会我的关于这个世界的基本原则，比我在常春藤联盟学校的教授们加起来还要多得多。

她经常认为，政治家提供的旨在帮助贫困者的公共政策，听起来很棒，其实是短期的解决方案，因为它们很少能解决根本问题。为什么？她列举了以下原因的一些组合：

（1）根本所在，这太有争议了。

（2）他们没有完全明白他们正在解决的问题，因为他们可能没有亲身体验，或者没有花必要的时间拜访那些有亲身体验的人。

她留给我的第一条见解，用经济学术语来表达就是：

在对拟议解决方案形成意见之前：一，仔细检查其基本假设；二，确保解决方案可以解决核心问题。

最后的看法

格林斯潘的职业生涯显示出了选择这样一种领域所产生的影响是深远的，这个领域是社会所关心的，同时这个领域又没有太多超级聪明且有着现实世界经验的人——中央银行。

他的判断力和分析能力更适合在一个非主流大学担任体育副教授的职位。他那令人生畏的方式（其中一些使他获得了被夸大的小小成功）是为监狱看守量身定制的。他的尴尬个性就像是衣着体面的商人行走在溜冰场上。格林斯潘言辞则是外星球的语言。

但是，格主席最令我困扰的一点是，他的行为倾向不是基于坚实的学术研究所产生的数字而是基于他的直觉。他唯一感兴趣的数字是前面有美元符号的那些。这让他进入了华盛顿、华尔街以及媒体和好莱坞的名利权贵场。

干得漂亮。但是，这并不是美联储主席的工作职责。

马戏团小丑的泡沫故事

在美国，马戏团小丑为人们带来欢乐，受到男女老少的普遍爱戴。很多成年人都喜欢回忆他们小时候与小丑一起度过的美好时光。

然而，在马戏团栖息地之外的小丑却吓倒了很多人。

让一些人害怕的是面具背后藏着什么。一个面具或一个固定笑容的画面，凸显了一个人的外表与那个人的现实之间的紧张关系。有些人发现令人不安的是看不到他们遇到的那个人的面部表情和情绪。不透明的面具使得一些人发问："他们是在对我微笑，还是在嘲笑我？"

因此，有些人对小丑的感受是：他们的行为是不可预测的，并且可能是有威胁的。一个以前有趣的马戏小丑可以迅速变成一种恶意的形象。

许多人认为中央银行是在其栖息地之外的小丑。美联储在很大程度上保持神秘性，更促进了这一形象。尽管近年来，美联储已经变得不那么秘密了。即使如此，有证据表明，大多数美国人都不确定美联储究竟是谁，他们做什么，他们关注的是哪些利益。

既然我是这神秘组织的内部人士，我开玩笑地把领导人看成马戏团的小丑。有时候，我会想，美联储是否暗中想要成为马戏团中的小丑。

事实上，我想知道有没有人退休后加入马戏团来满足他们的欲望。

为什么我有时会这样想，还会微笑？让我用下面一个简短的比喻来解释。

想象一下，马戏团和它的小丑们到你所居住的城镇呆上三个月。在此期间，马戏团吸引了大量的人群，为当地企业提供了大量的销售增长。

企业通过雇用新工人或开设新地点来扩张。消费者用新发现的财富购买他们在经济繁荣到来之前不会购买的商品和服务。这对大家来说真是好时光啊！当然，这不是“真正的”经济繁荣。马戏团人为地创造了一个暂时的经济气球。

三个月转瞬即逝，马戏团离开了小镇。当地经济因此而减弱。商人留下了大量剩余的工人和产能。而消费者发现在经济强劲的时候过度消费导致了债台高筑。如果他们知道当地经济的上涨只是暂时的，就不会进行过度消费了。

不幸的是，在自由市场中，人造气球一直在打气，最终会“爆破”，比喻中成吹起经济气球的小丑，随后会在出城的路上将气球戳破，到另一个城市展现他们的经济实力。就像马戏团小丑一样，美联储的政策常常创造出来一些“人造”气球，然后戳破它们。

接下来的章节，我们将看到与危机有关的一些“气球”。

布鲁克斯利•伯恩：被同僚合伙欺负

当比尔•克林顿成为总统时，他任命布鲁克斯利•伯恩担任商品期货交易委员会[①] 的主席。当时，那是一个鲜为人知的监管机构。作为一名在私营部门有超过 20 年经验的斯坦福毕业的证券律师，很少有人比布鲁克斯利•伯恩更理解衍生品市场。她曾多次表示担忧，认为影子银

① 商品期货交易委员会（CFTC）是美国的金融监管机构之一，成立于 1974 年。CFTC 是美国政府的一个独立机构，负责监管商品期货、期权和金融期货、期权市场，其任务在于保护市场参与者和公众不受与商品和金融期货、期权有关的诈骗、市场操纵和不正当经营等活动的侵害，保障期货和期权市场的开放性、竞争性的和财务上的可靠性。

行系统监管方面存在很大风险，特别是华尔街使用场外衍生品。

因此，对于她上任后一直向其他监管机构和国会提出担忧，我并不感到惊讶。她担忧：监管机构对于场外交易市场缺乏认识，很可能由于重大的经济冲击而掀起一系列事件，使得市场无法评估其交易的衍生品并抽干其流动性；他们不了解市场或其运作的巨大规模，因此不了解风险。

令人遗憾的是，由于对美联储主席格林斯潘以及他的最低限度的监管原则的畏惧，他们对布鲁克斯利的担忧充耳不闻。

对于布鲁克斯利这个监管同仁以及她的高级工作人员，我是非常尊敬的。在私营部门工作的日子里，她得以深入了解希拉里·克林顿。克林顿总统当时就司法部长这一职位面试了她，但最终选择了另一位人选。在她辞职后，伯恩对我说，她最初对被任命为一个名不见经传的机构主席感到有点被冒犯。但她还是接受了去美国商品期货交易委员会工作，因为她是一个非常成功的私营部门的证券律师，她觉得是时候回报祖国了。本来就应该是这样的，我非常赞赏。

商品期货交易委员会徽标

美国证券交易委员会徽标

伯恩的肩膀上似乎装有一个芯片，可能是因为她在斯坦福大学接受法律学位的那个时代，男性占据主导。她脑子非常好使，但有时候过度直接和自负，可谓拉里·萨默斯[①]的女性版本。不管怎样，她是我见过的最聪明的证券律师，而且她总是以绝对最高的诚信度来做事。

作为一个局外人，她很快发现，她需要强大的监管同僚（美联储、美国财政部和美国证券交易委员会）的支持，这样才能在华盛顿完成工作。不幸的是，美联储主席格林斯潘、美国财政部长鲍勃·鲁宾[②]和他的候补拉里·萨默斯以及美国证券交易委员会[③]（SEC）主席阿瑟·莱维特集体藐视她。我在主席办公室工作的一个朋友曾经告诉我，他使用“不开明”这个词儿来形容伯恩“没有被吓倒”。伯恩对于美联储主席来说“不够开明”，而通常情况下，美联储主席这么说，其他人都会完全同意。

鲍勃·鲁宾

拉里· 萨默斯

① 拉里·萨默斯（Larry Summers，1954年生），又译作劳伦斯·萨默斯，因为研究宏观经济的成就获得克拉克奖。他是哈佛大学经济学博士和终身教授，于1999—2001年任克林顿政府的财政部长，于2001—2006年任哈佛大学第27任校长，因争议较大，被教职员工投不信任票宣布辞职。这使他成为哈佛近 150 年来任期最短的校长。

② 鲍勃·鲁宾（Robert Edward Rubin，1938年生），又译为罗伯特·爱德华·鲁宾，毕业于哈佛大学和耶鲁大学，美国银行家，在高盛供职26年，出任过纽约证券交易所董事，1995—1999年在克林顿政府担任第70任财政部长，后于1999—2009年担任花旗集团执委会主席和董事会主席。著作有《在不确定的世界》等。

③ 美国证券交易委员会（SEC），于1934年根据证券交易法而成立，是直属美国联邦的独立准司法机构，负责美国的证券监督和管理工作，是美国证券行业的最高机构，总部在华盛顿特区。美国证券交易委员会具有准立法权、准司法权、独立执法权。

权尊势重的美联储主席和他的同伙们认为，伯恩对场外交易的担忧根本就是小题大做。格林斯潘告诉伯恩：“一个市场可以自我监督，因为它是由有强烈之心、保护它免受伤害、有信誉的人经营的。监管专业人士私下协商的场外衍生品交易是不必要的。”（她辞职后，他还告诉她，欺诈不需要监管，因为市场会解决这个问题）

这是一场意识形态上的争斗，联邦政府与华尔街联手一起压制一个试图保护老百姓免受重大市场风险和断档影响的小型机构的主席。

她写给金融机构引火上身的信

1998 年年初，在没有得到上述监管同僚支持的情况下，伯恩写信给美国的金融机构和监管机构，要求他们对一系列想法和担忧提出解释，她必须提高对场外交易市场的警惕和监管。她对华尔街极度消极的反应并不感到惊讶，但是她的同伴的教条式反应令她感到十分惊讶。

伯恩把最后的“钉子”钉在了美国商品期货交易委员会主席棺材里。在她发表文件征求意见之日，格林斯潘、鲁宾和莱维特发表了一项联合声明，表示他们“对伯恩的行动和她的想法可能产生的后果”表示严重关切，“对私人谈判的衍生品交易由专业人士进行监管是不必要的”。他们开始游说国会，要求伯恩和美国商品期货交易委员会停止所有涉及场外交易衍生品的研究和监管活动。

1998 年秋天的一个晚上，我做了一个梦，梦见格林斯潘主席站在美国商品期货交易委员会大楼的前面，只穿着尿布和黑色的袜子，大声地唱着“对不起，伯恩女士，请原谅我，伯恩女士”。

差不多十年后，我做了一个很相似的梦。格林斯潘先生穿着同样的衣服，但这次是站在白宫前面，大喊道：“他妈的，我们都完蛋了。”

我的梦永远都那么宏伟。

本·伯南克

本·伯南克[1]：大胆却也普普通通

聪明人说话，因为他们有话要说；傻瓜说话，是因为他们必须说些什么。

——柏拉图

2006年，乔治·布什总统任命他的首席经济顾问本·沙龙·伯南克担任美联储主席，从此开始了他的两个任期。

伯南克了解美联储的格林斯潘文化，并希望改变它。他后来证明这是一个很受欢迎的改变。我在理事会所认识的每个人都认为，伯南克虽然性格内向古怪，但他却常常在美联储的普通餐厅吃午饭，并与各级工

① 本·伯南克（Ben Shalom Bernanke，1953年生），美国经济学家，2006—2014年任美联储主席。毕业于哈佛大学和麻省理工学院，在普林斯顿大学任教17年，长期担任经济学系主任。2005年6月，伯南克担任总统经济顾问委员会主席。2006年2月1日接任格林斯潘出任美联储主席。代表作有《行动的勇气》《微观经济学原理》《宏观经济学原理》《大萧条》等。

作人员密切合作。此外，他很有幽默感，偶尔会在下班后加入团队喝上一两杯啤酒。

伯南克是一个害羞但却很聪明的经济学家，他花了大量的时间分析和撰写关于美联储货币政策的替代品，这些货币政策本来可以更有效地解决大萧条。当他的前同事问他为什么花了这么多时间研究那个时代，他的回答是，“如果你想了解地理，得先学习地震”。他想尽可能了解经济，所以他想调查经济遇到最大危机的时刻。

在20世纪90年代阅读了几篇他的论文后，我记得当时我想到这几个问题：（1）“除了关于美联储在20世纪30年代的大萧条时期能做得更好之外，这个家伙是否还写过别的？”（2）“他肯定和其他人一样，明白货币如何在系统中流通造成的主要问题以及中央银行在这一过程中的关键作用——至少在大萧条时期。我猜想他对当今市场有着同样的了解，因为从许多年前的错误中学到的经验，可能很难应用到当今无时无刻都在不断变化的复杂和相互关联的全球市场。”

无论如何，这位在普林斯顿大学经济系主任，之前就曾在斯坦福大学和纽约大学工作过，还是麻省理工学院的博士，学术背景无可挑剔，被普遍认为是取代格林斯潘的一个很好的选择。

我的担忧

我不太确定。虽然我很高兴看到独裁者格林斯潘离开，但我可能是经济学界唯一一个私下质疑伯南克领导美联储能力的人。我这样做有几个原因：

一个天才：虽然我在任职期间只为美联储的几位顶级人才工作过，但他们所有人都努力挣扎着从一个唯一的贡献者角色（所有一切都是关于他们——证明他们是聪明的，知道所有的答案）转型到一个领导角色（通常是关于他们的团队——证明他们是聪明的，并为他们知道答案感到自豪）。在我看来，虽然所有不好的领导都不是天才（例如主席格林斯潘），但大多数的天才都不是好领导。撰写抽象的学术论文和在经济和金融界大规模崩溃期间领导一个具有不同智力水平和意见的央行之间，还是有很大的区别。

害羞而谦虚：强有力的领导需要呈现一种强烈的存在感，但伯南克主席没有。我知道许多在纽约大学、斯坦福大学和普林斯顿大学曾于伯南克手下工作或学习的人。所有人都将他描述为真诚、善良、害羞而谦虚的人。不要误会我，我喜欢“真诚、善良”，在这本书的其他地方我提到我不喜欢格林斯潘暴虐独裁者的个性以及这样的个性对美联储决策的影响。然而，我对害羞而谦逊的个性也感到担忧。我的高中同学曾在斯坦福大学商学院学习过伯南克的几门课程，他把伯南克描述为“一个易受惊的善良的天才”。

追随者：虽然伯南克在他的研究领域是一个领导者，但他是格林斯潘主席忠实的追随者。他很少在FOMC会议上发言，但每次他发言时，总是同意格主席。

例如，当美联储在21世纪初讨论是否是因为保持利率过低而导致房地产泡沫膨胀的话题时，伯南克说，“货币政策不是解决泡沫的正确工具”。我知道当时的主席——自由市场之神格林斯潘也是这样认为的，因为他常常谈论这个话题，但他经常脱口而出一些我认为根本讲不通的东西。不过，伯南克同意这个观点引起了我的注意——毕竟，他是一个领导前普林斯顿大学经济系的精英经济学家。

不管他的声望如何，我认为他这种观点的基本逻辑是脆弱的——如果高利率不是刺破现有泡沫的好工具，为什么美联储应该保持高利率以防止新泡沫形成？

然而，在阅读了伯南克2014年对于崩溃的叙述之后，我得出结论，他很可能是通过背书前主席的偏好来表现为一个格林斯潘“追随者”——这样的领导力质量太糟糕了。在他的书中，当谈到他在2010年对QE2（第二轮量化宽松[①]）的考虑时，伯南克表达了对“低利率可能鼓励投资者冒过度风险，可能加剧新的资产泡沫”的担忧，“我非常重视这个问题”，伯南克写道。

很高兴知道他是这样想的，我也是。但是，我们中只有一个人——更柔和的、头发更少的那个（指头发稀少的伯南克，译者注）有权力做些什么。然而，他只是说说，没有行动。

迫切希望改变

撇开我个人的以上担忧外，伯南克曾经在美联储理事会和白宫工作过，而美联储的领导班子早就需要好好改变一下了。由于这些原因，而且美联储迫切需要有别于前任主席的改变，我很高兴看到伯南克先生成为美联储主席。

我从来没有觉得伯南克高度认可美联储的智力水平，虽然他总是小心地不予批评。他是对的。在伯南克加入美联储时，美联储已经失去了作为首要经济智囊团的光彩，主要是因为美联储内部不赞成对不同想法的公开讨论。

很多次我会看着他，并想知道在那亮闪闪的光头脑袋里，他是不是又在想“这些我早就知道了，这些我在本科就学过了，难道你们没学过吗？”之类的东西。

为了预测在危机期间我们可能如何应对，我去找来伯南克主席出版过的学术研究论文。在这些论文中，我抓住了两个普遍的主题：

1. 在影响大型银行（华尔街）的重大危机中，金融机构压力最大的原因是资本不足。他似乎觉得向机构注资资金（如 1998 年在日本所做的那样）是首选的做法。在伯南克的领导下将不会有失败的大型机构。

① 量化宽松（QE），是指中央银行在实行零利率或近似零利率政策后，通过购买国债等中长期债券，增加基础货币供给，向市场注入大量流动性资金的干预方式，以鼓励开支和借贷，被简化地形容为间接增印钞票。一般来说，只有在利率等常规工具不再有效的情况下，央行才会采取这种极端做法，它对经济体实施的政策并不是微调，而是一剂猛药。

令人失望。

2. 关于对普通百姓的重大经济冲击，伯南克通过货币政策工具推动正常宽松政策，希望得到政府财政政策的一些帮助。但是，如果传统方法未能提供所需的经济增长，中央银行可以通过购买除国库券之外的证券，将额外的储备注入经济。我猜这是假设储备金会流通到普通百姓手中。

因此，我预计我们会看到美联储和财政部门的一些做法和以上内容相一致。他显然是世界上最著名的危机学者，深知它们如何形成、我们该如何认识和回应它们以及有关的一切。

但是，等等，他是疯了吗？

“美国经济有潜在的实力。对次贷市场问题更广泛的经济和金融市场的影响似乎可能可以被控制。”

我记得在办公室观看伯南克主席 2007 年年中向国会作证。我的同事像我一样，听到这句话的时候吃惊得快从椅子上掉下来了。毫无疑问，他明白存在的风险。他在说什么？他在误导国会和美国人民吗？他是否在试图帮助他的前任老板格林斯潘免受批评？难道他知道大多数人不知道的东西吗？

不，正如我在整个危机期间所看到的，伯主席倾向于通过逻辑上的模型或数学方程来解决问题。在这种情况下，正如他的一位助理经济学家和我说的，这个模式并没有指出危机的广泛传播。当然，除了汉克·保尔森[①] 之外，没有任何一个我所知道的监管机构或模式对世界金融市场的复杂性和相互交织——包括很大程度上没有受到管制的所谓“影子市场”有很深刻的理解。

虽然保尔森财长经常有礼貌地让伯主席从他的天才空间回到地球，

① 汉克·保尔森（Hank Paulson，1946 年生），又译为亨利·保尔森。1970 年从哈佛大学商学院毕业后，在国防部任职，后加入高盛集团。1999 年 5 月，他正式出任高盛董事长兼首席执行官。2006 年 7 月，被小布什任命为美国第 74 任财政部长。

但伯主席的天才大脑有时也会使危机管理团队停滞不前。

领导力——大胆却也普普通通

伯南克领导力的缺点是缺乏“我掌管一切”的个性。要把伟大的思想向前推进，就要有强有力的领导力和政治上的精明。在这方面，直到雷曼兄弟的崩溃，伯南克经常看起来好像是在给有着更强大和直接个性的保尔森唱配角。

与伯南克不同，保尔森反对救助——在我看来这是一个很好的立场。在早期，我并不介意保尔森有些霸气的风格，当局应该让美联储和华尔街走下阵来。

伯南克与保尔森的相互作用通常就像一个真人秀节目。例如，当危机真的开始爆发时，我预计我们将实施伯南克曾经发表过的那两个主题或其中一个。但是，保尔森还有别的想法——至少在与银行有关的问题上——于是他压倒了伯南克。他不能消化美联储将资本注入虚弱的机构的想法，认为美联储应该把这些抵押贷款从银行的资产负债表上拿走。

我想：现在保尔森怎么会比伯主席更了解这个话题？他并没有更了解，只是他的意见更加强硬罢了。

保尔森带着他的计划前往国会，并随意地解释了一下，留下了一个毫无意义的做法的印象。他很清楚政府将从金融机构收购这些陷入困境的资产来清理他们的资产负债表的基本思想。不过，他不知道该计划会如何受到影响，也不知道美国人民最终将为有毒资产付出的代价。

保尔森让工作人员澄清他的建议，并将其交回国会。在投票开始前，伯南克的一名资深工作人员给领导法案的国会议员打电话，并表示：“伯南克说，通过这个法案吧——只要在里面添加一句话（保尔森对此并不知情），表明这笔资金也可能是用于注资就行了。”法案通过了。我们收到了国会的资金，当保尔森最终发现了增加的话语时，他气炸了。

我想说的是，如果伯南克主席是一个更有力和果断的领导人的话，我们将能避免保尔森的努力，在金融危机爆发前，节约大约三个星期的宝贵时间。

伯南克犯了一个大错，就是给人造成印象——他让保尔森决定了雷曼的命运。保尔森一概反对救助，包括救助贝尔斯登。此外，保尔森和前雷曼兄弟的首席执行官迪克・福尔德之间似乎没有失去情谊。

鉴于我们不明智地救助了贝尔斯登，我的意见是我们应该做以下两件事之一：（1）保持一致，遵循学者伯南克的领导，并救助雷曼（是的，我们本来可以做到）；（2）或者就雷曼这件事本身不与贝尔斯登保持一致，但总体政策保持适度的连贯性，让雷曼失败并沟通清楚，联邦政府不会拯救任何其他的金融机构。

我们两件事[①] 却都没有做到。保尔森敦促“不救”的方案，他最终赢了。然而，我们不能说“再也不会”，因为我们已经知道了跨国保险公司——美国国际集团（AIG）的新一轮主要问题。

我稍后会讨论，我们对雷曼兄弟的不作为导致了市场混乱。

我相信伯南克学到了一个很大的教训，并因此加强了他的领导力。

格林斯潘和伯南克在美联储一百周年纪念会上（2013.12.26）

① 上述两件事指：救助贝尔斯登，同时救助雷曼；不救雷曼，但要让雷曼死得明白。

汉克·保尔森

汉克·保尔森：直接高效的财长

只是因为我们不明白并不意味着不存在解释。

——美国作家马德琳·英格

在金融危机期间的很多个瞬间，我都想开口对这个极度虔诚的、身高 1.88 米的哈佛商学院光头毕业生说出这句话：“我就是不明白，保尔森。”

汉克·保尔森，于 2006 年 7 月—2009 年 1 月在小布什总统任期担任美国第 74 任财政部长。在加入财政部之前，保尔森在高盛集团[①] 有 32 年的职业生涯经历，担任董事长兼首席执行官。

① 高盛集团（Goldman Sachs），成立于 1869 年，全球历史最悠久及规模最大的投资银行之一，总部位于纽约。它向全球提供广泛的投资、咨询和金融服务，对象为企业、金融机构、各国政府及富人，也为美国历届政府输出高级官员。2017 年《财富》发布“美国 500 强排行榜”显示，高盛排名第 78 位。

优势通常被认为是弱点

新闻界常常抨击保尔森。事实上，在他离开财政部后，《华尔街日报》的记者告诉我，她认为保尔森是一个“难以理解”的追随者，主要关注的是他的华尔街朋友，而牺牲了普通民众。我明白，这仅是一个局外人得出的有关保尔森的这番结论。

保尔森总是看上去和他穿的那几套职业套装格格不入。2007年年底，我第一次参加了一个保尔森在场的会议，他给我留下了一个有趣的印象。一方面，这位前华尔街CEO似乎是一个有影响力又不自负的大视野领导者，他对银行业有着深刻的理解，并且他有一个诀窍，可以以非常基本的方式讨论复杂的问题。而另一方面，他的角色和服装似乎让他感到不自在。在回办公室的路上，我开玩笑地想，保尔森作为一个农夫或工厂工人可能更自在。我几乎不记得他的衣服什么时候没有褶皱。在2009年纽约联储会议上，我记得迟到了几分钟的保尔森走进房间，他看起来好像刚穿着这套西服在地铁上睡了一觉。

在保尔森离开财政部之后，曾经和他一起工作的两个同事就他的穿衣理论给了我一些内部消息。这位前CEO的精神信念使他相信，钱财不必要花费在昂贵的物品上——包括昂贵的线和布料，还不如更好地用这些钱帮助不幸的人。此外，他总是对他不熟识但穿着完美的人有点担心——他觉得富有魅力的服装经常被用来掩盖弱点。嗯，根据这个标准，我们的这位前财政部长没有弱点。

进一步推动这一观点的是，保尔森只使用基本语句，并经常称赞他的工作人员的成功。他保持他的沟通简单而切中要害。他认为，所有人都应尽可能简单地说话，以确保所有人都能理解，这点非常重要。同时，与几乎所有其他高级管理人员不同的是，保尔森是一个优秀的经理——赞扬那些给过你协助的人是一种管理技术，一般来说很能激励他人。

褶皱的服装连同其他的一些观察，让我在一开始得出结论，保尔森的存在是美国经济没有从悬崖边上跌落下去的关键。虽然穿着打扮不考究，他给人印象突出的一点是，他作为一个有经验的成年人与一群年轻的员工一起来理解和解决一个问题。他是一个帮助人们保持专注力的大师，用外行人的话说，加快决策的过程，而且总是留给大家“我们将克服这个问题”的确定的决心。

与其他人不同的是，保尔森在行动之前总是会同时考虑到华尔街和普通百姓。盖特纳主席的专注力通常放在华尔街的富人身上，伯南克主席则似乎最注重学术和数学解决方案。

我对我的结论并不感到惊讶。我知道几个在保尔森手下的高盛高管和他的两个在财政部工作时的副秘书，几乎所有人都说他：

- 是一个非常有效的领导和经理；
- 总是把他的成功归功于他周围的聪明人；
- 智力比外人想象的要高得多；
- 避开只会点头说“是”的人；
- 鄙视啰唆的人，他们使用冗长的热门话语，使他们听起来很聪明；
- 非常注重精神层面；
- 对他的妻子和家人有着深沉的爱；
- 朴素——与其他曾合作或观察过的高管相比，他显示了一种独特的独一无二的“中西部的特质”。

美国中西部地区的居民大多是普通中产阶级，他们大多诚实、工作努力、尊重所有人而无论对方是怎样的身份，并奉行一种节奏较慢的非常基本的生活方式。这与大多数金融高管人员恰恰相反，其中许多人生来就被赋予某些特权，很少尊重经济地位不如自己的人，并且经常过着一种快节奏的豪华生活方式。

保尔森的沟通要求、果断和自信的风格，经常提高了我们理解和管理危机的效率，他要求所有人在与他沟通时都要做到清楚和简洁，包括问题的答案，与具体事件、建议和一般对话相关资料的更新。大多数处理和金融危机相关工作的人都很快地学到了这一点，因为保尔森用亲切的方式告诉对方，他的沟通是无效的。他通过直接、及时和根本的提问，让对方去掉不必要的复杂、扯淡或逻辑错误。

保尔森好像经常对蒂姆·盖特纳[①] 不够直截了当的沟通技巧而感到恼火。在2008年秋季的电话会议上，他问盖特纳："你想说的要点在哪儿？""你知道我们只有一个小时的通话时间，对吧？"

长久以来，他的要求在高盛集团和财政部都是如此，他对两个雇主都很谨慎，尽量避免在公众面前感到尴尬。我说"公众"是因为我那直接为保尔森工作的好朋友告诉我，保尔森经常在众人前礼貌地提出建议，但关上门后却更严厉，这个时候他会对那人发动猛烈抨击，特别是对经常违反他的规定的人。

当他第一次来到财政部时，保尔森告诉他的财政部副部长——我的一个好朋友，他会亲力亲为，并将会根据他们是否能以简单的外行人的语言，来交流一个复杂的话题作为评估他们表现的一部分。这样做对于一个高效而运作顺畅的机构来说是必须的，并经常迫使演讲者发现问题或更深刻地理解他正在讨论的主题。此外，保尔森表示，他很快就能够通过刚接触的人与他沟通的方式来确定他是否聪明。相比之下，我的老板蒂姆·盖特纳是不干涉的那种人，有时候会议过后，参会的经济学家或华尔街的高管对于会上到底讨论了什么而感到一头雾水。

保尔森达到了他自己立下的标准。事实上，我记得保尔森2007年夏天在纽约联储举行的晚宴上，华尔街几个大银行的负责人出席了会议。我发现那场聚会很奇怪。一些银行向美联储和其他监管机构表达了他们

① 蒂姆·盖特纳（Timothy Geithner，1961年生），又译为蒂莫西·盖特纳，美国经济学家，处理金融危机专家，2009—2013年任美国财政部长。曾就读于达特茅斯大学、翰斯·霍普金斯大学，在财政部供职达14年之久，并在美国外交学会和国际货币基金组织任职，2003年起出任纽约联邦储备银行行长，是作者的直接上司。

对由于竞争压力而承受的风险的担忧，呃，为什么一个银行的 CEO 会告诉监管机构，他的银行正在承担过多的风险？除此之外，还有几个 CEO 建议他们的监管机构赶快下达命令使他们的公司停止承担这些风险。呃，保尔森简直不能相信他听到的，他礼貌地告诉他们："嘿，我有一个想法。我建议 CEO 谨慎地管理他们的风险。这是他们的本职工作。"房间里顿时安静下来，过度的风险这个话题就这么被扼杀了。

保尔森的果断，会让其他人更快地就他们正在摇摆的问题做出决定。我可以很容易地判断出他什么时候要发表决定性的讲话，来结束对一个问题的讨论。他会慢慢地改变他的静坐状态，进入更积极的倾听状态，同时端坐着拿笔敲打起来，通常会在记事本上乱涂乱画一两分钟。之后，他会等待对方停顿，然后吼叫出一段类似于以下的话："女士们，先生们，这是一次很棒的交流，但我觉得我们永远不会有做出完美的决定所需要的所有的事实。但是，当管理危机时，没有什么比做出缓慢的决定或不做决定更糟糕的了。既然这么说了，我建议我们应该在这里决定，出于 X 的原因（他的想法），现在去做 Y。我们可以同意这个建议，然后继续讨论其他关键问题吗？"谢谢你，保尔森，如果没有你，这场辩论可能会持续几个月！

他的风格导致许多人认为——至少早期的观察如此，保尔森是主持大局和做决策的那个人。新闻界注意到了这一点，在我看来，他们对这场危机的描述也因此增加了一层担忧。他们并不觉得他很有资格担任这个角色。

虽然我经常同意他对问题的看法——特别是他的反救助言论，但他有时候很固执己见，非要把他的想法强加给别人。例如，他反对拯救贝尔斯登，并对雷曼兄弟有着类似的坚定立场。他赢得了与雷曼兄弟的辩论，但市场预期相反，似乎对三重彩（伯南克、保尔森和盖特纳）对投资银行的救助前后不一致感到恐慌。在我看来，这导致了危机爆发的程度更深，范围更广。

我就是不明白，保尔森

你可能知道，在他去财政部工作之前，保尔森是华尔街最大和最知名的投资银行高盛的首席执行官。高盛大量参与结构性金融市场。

两位前高管告诉我，保尔森总是对市场有着风险管理的担忧，因为它的快速增长增加了复杂性，每天互相借贷数十亿美元的相互关联的全球机构缺乏透明度。他知道，大多数投资者都在繁荣的市场获得高额回报，但并不明白他们正在承担的风险，因为他们没有意识到评级机构没有完成提供精确评级的任务。他知道，大多数人从美国国际集团（AIG）等钱袋鼓鼓的金融公司购买“保险”，作为防止投资失败的保险。

保尔森最担忧的是，对金融体系的重大冲击将降低产品的价值，并对高盛造成更大的流动性压力。在他的管理下，高盛独立地持有大量流动性缓冲现金和国债，规模是其他银行的许多倍。

毫无疑问，保尔森的担忧是精明的。虽然住房市场崩溃很严重，但是规模小到可以被金融当局迅速控制和解决。这种崩溃是由大型互联机构的衰退所造成的，在比透明市场更大的黑暗市场中，这些机构是非常强劲的交易对手。

在华尔街的时候，他从未向监管机构介绍他的微型高盛流动性恐惧。可能这是因为华尔街竞争激烈的现实——他能比他的直接竞争对手准备得更好。

“我就是不明白，保尔森”，是指我不明白为什么当他担任注重宏观的财政部长时，他没有提出这个问题。我认为这是一个重大失败，甚至抵消了他在崩溃管理期间表现出来的积极的一面。

保尔森应该立即将他的微观层面的高盛流动性担忧，推广到宏观层面的金融市场中去，并教育总统和美联储了解不透明的市场、市场里的交易工具和系统性风险。例如，如果所有大银行都面临他担心的流动性压力，会发生什么？提供衍生保险的公司所遭受的损失是什么？他们有资本抵御冲击吗？

我坚信，如果保尔森在去华盛顿上任时即提出他的担忧，那么金融崩溃的结果就会与后来的大不相同。但是，当危机加深时，监管机构对黑市及其工具、交易对手和规模、存在的系统性风险无能为力。正因为如此，他们缺乏及时的、深思熟虑的反应，而这样的反应可能会减少金融危机的深层次和长期的影响。

风险本应被理解，对风险的政策回应本应事先经过深思熟虑。然而，这两者都没有发生，于是，危机发生了。

我就是不明白，保尔森。

低调的、无处不在的高盛

蒂姆·盖特纳

蒂姆·盖特纳：精英主义路线

你知道吗，理查德，如果盖特纳的朋友和我的朋友互换，我就会是他现在的职位，而他会是我现在的职位。除了我们的朋友不同外，我俩并没有太多的不同。

——她（盖特纳的一位经济学家）

正值我的老板蒂姆·盖特纳 2009 年年初离职前往华盛顿担任奥巴马政府的财政部长之际，他最聪明的经济学家——某女士在美联储的行政餐厅午餐时对我说了以上这段话，当时，我并不感到惊讶。

和她认识十多年了，我开玩笑地说，那些她没有提到的差别可以说上五分钟，包括：

盖特纳领导世界的风格，就是一句话里用到“他妈的”这个词的平均次数，而我那经济学家朋友从来不说脏话。事实上，他的一些同事和资深工作人员偶尔将他称为“FB”——“他妈的轰炸机”的缩写。经济学家朋友提醒我，我们曾在15个月前下过一个赌注，如果我们会加班到午夜之后，那么每超过一分钟她就要付给我1美元。如果我输了，那么第二天她每听到盖特纳说一句“他妈的”，我就要付给她1美元。结果，我要从兜里拿出53美元给她。

盖特纳当时40岁出头，即使在最糟糕的日子里，他依然看起来只有15岁的样子，而我那经济学家朋友在她状态最好的日子里，看上去也有50多岁。

在盖特纳年轻的卷发上，没有任何一缕头发是灰色的，简直和南极洲的冰一样厚。相比之下，经济学家朋友她那全灰的直发就像一个模特笔直的姿势，前段时间还开始有点变薄了。

她有很强的公共演讲技巧，而盖特纳则几乎处于九年级（美国中学生）的水平。然后我与她分享了一个《华尔街日报》记者在2004年政治季电邮给我的一个开玩笑的想法。那个记者观察到，盖特纳的沟通技能是美国总统候选人乔治·布什和乔·利伯曼的混合——布什热衷于事件，但让新闻界怀疑他的智商；利伯曼很聪明，但让新闻界怀疑他的激情。盖特纳则常常会让听众同时怀疑他的激情和智商。盖特纳说着说着经常会即兴夹杂几句私底下闲聊时说的话，比如“我那卓越的沟通技巧又来了，哈哈”。

虽然他经常以幽默的方式调侃他的这个弱点，但我一直认为他对此非常敏感而且还有点儿尴尬。此外，他越是听到别人说他是一个“笨拙的白痴”或“口吃的傻瓜”，他在演讲之前和演讲期间就会变得越紧张，从而进一步巩固了他留给别人的这个印象。

尽管他努力把他的身世往蓝领的方向靠，但盖特纳其实是含着金钥匙出生和长大的，他将永远通过精英主义的镜头看世界。而那位经济学家朋友虽然毕业于常春藤联盟，但她贫穷的成长经历会始终推动她考虑政策对普通百姓的影响。

盖特纳是一位优秀的运动员，然而那位聪明的经济学家，除了偶尔往正确的方向投掷飞盘外，在运动上并没有作为。我每次看到盖特纳在纽约市邻近东河或哈德逊河的人行道上进行日常 5 英里多的晨跑时，他几乎都不流汗。我记得 2008 年夏天的一个早晨，大男孩般的盖特纳在美联储门口叫住我，当时他穿着 T 恤、明亮的蓝色短裤和运动鞋等标准跑步装备。因为我没有看到他身上有一滴汗水，我问他是否刚刚走了一小段路。他淡定地走过我身边说，他刚刚跑了“他妈的 7 英里”。FB 炸弹又来了。顺便说一下，年轻的盖特纳是一个优秀的篮球运动员，并且经常会在美联储健身房与工作人员接球比赛时展示他的技能。

平步青云的仕途

我想不起来还有什么更多的挖苦对比，那就让我回到关于那位经济学家对盖特纳的初步评论吧。作为直接在盖特纳手下工作的纽约联储银行信用风险领域的负责人，我在金融危机期间与盖特纳及他的团队密切合作，从而知道他迅速晋升的原因，似乎更多地来自他那些有影响力的朋友、混企业的门道和人际关系的技能，而非他的领导才能或聪明才智。虽然他的崛起在一些人认为是“不应有的”，我并不感到惊讶，因为我接触的许多高级银行业高管都是以同样的方式获得他们的职位的。对我来说，这是金融业的真实世界——也许这也是全世界所有行业共有的。对此感到不满的似乎更多的是新闻界，因为他们认为这是“华尔街 / 华盛顿 / 大银行”旋转门的另一个例子。通过这道旋转门的其实也有很多有实力的优秀人才。

然而，通过这种方式成功获得高级职位，并不代表着当事人能够交出可靠的业绩。最终，你必须独立做出优秀成绩，否则会进一步暴露这个位置是你不应得的。我会再给你提供一点点有关盖特纳的表现，我尽量做到平衡。当我们进入危机的细节部分时，你会有机会更多地了解他。

让我先谈谈他的背景。盖特纳很大一部分的童年时光是在海外度过的。他那富裕的父亲彼得·盖特纳曾在福特基金会的亚洲项目工作。利用他父亲的关系，他的大学本科是在达特茅斯大学完成的，他还利用家族朋友、前布什内阁成员布伦特·斯考克罗夫特（他是唯一一位曾为两任美国总统服务的国家安全事务助理）的关系获准进入约翰·霍普金斯大学并获得硕士学位。囊中揣着两个学位，只有盖特纳才能说出这样的话，“（这些学位是）一些他妈的没啥意义的国际关系的东西”。

虽然没有确凿的证据，但我怀疑，他在大学里并没有什么突出的表现。2011 年，盖特纳很周到地庆祝我带着荣誉从哥伦比亚大学商学院 EMBA 毕业。在盖特纳离开去财政部之前，我被选为唯一一位由美联储支付全部 EMBA 课程费用的员工。美联储慷慨地以将近 20 万美元的成本为代价，换取我承诺再待 36 个月。作为他祝贺的一部分，他开玩笑地说起，如果他没有上他爸给他安排的大学，他也会是一个获得高荣誉的优秀毕业生。

不管怎样，在大学后，他几乎直接跑步踏上企业成功阶梯——没有像别人一样需要绕道才能实现成功，没有背包去欧洲，也没有给一些爱发号施令的、报酬过高的上了年纪的领导当买咖啡的跑腿儿实习生。在他父亲关系的帮助下，他大学一毕业就在亨利·基辛格身边担任这位前国务卿的研究助理。

在此之后，在基辛格与拉里·萨默斯的帮助下，盖特纳去了美国财政部，在那里萨默斯担任着有着强大权势的执行官。在美国财政部工作的岁月里，盖特纳与鲁宾、萨默斯这两位对权力饥饿的前辈发展了牢固的关系，并主要通过关系迅速从较低级别的岗位上连连晋升，最终先后成为他俩的副秘书。

在处理危机的这些年里我和一位美国财政部高级官员渐渐熟络，他对在萨姆斯和鲁宾手下工作的盖特纳平步青云的过程有着第一手的了解。危机之后，那位官员告诉我，很多财政部的工作人员都认为盖特纳是“一个看起来和说起话来像是 12 岁智力平平的人，但却是他们见过的最会拍马屁的人”，这位妒忌的官员还给盖特纳起了个外号叫“奇迹男孩”。2001 年，盖特纳去了国际货币基金组织工作，并于 2003 年开始担任纽约联储银行行长。

我对盖特纳的早期晋升的企业食物链没有感到特别惊讶。事实上，他很容易就能凭自己的聪明才智和领导力做到这一点。此外，我们通常认为财政部这样低质量的机构吸引不了高级人才，特别是低于副部级的职位。我更多地将他与高管的关系视为一种锦上添花。

然而，很多人对于盖特纳降落在位于自由街 33 号的纽约联邦储备银行的中世纪堡垒的屋顶上感到惊讶。他们想知道世界上最有影响力的组织之一的董事会，为什么不能找到一个更有经验的人来担任这样重要职责的职位。

有人悄悄地推测，这是因为他在工作上的好友再次发挥了作用。雷曼兄弟前领导皮特•彼得森在前任退休之后领导了美联储的“独立”搜索团队。彼得森告诉《华尔街日报》，他的团队受到来自鲁宾先生和萨默斯先生的对盖特纳强烈推荐的“很大的影响”。我对盖特纳聪明地与他所尊敬的有影响力的人发展紧密的关系持赞扬而非批评的态度。相比来说，我本人在发展关系这方面表现不及格。

纽约联储非常有效的领导人

虽然盖特纳的团队中有许多人对他缺乏领导力和知识窃窃私语，但他是我所工作时见过的纽约联储银行最有效率的主席。我对这点毫无疑问，他和所有员工们都混得不错，并立即与能帮助他的最聪明的美联储工作人员直接建立紧密的联系。他的风格迥异，他通常会立即找到他认为可以在某个问题上帮到他的员工，而不是先找到那个人的上级，然后等啊等，直到请求最终曲折地传达到了那个能帮忙的聪明家伙那儿。

此外，盖特纳还很快与华尔街的高管建立了关系。传统上，纽约联储银行行长的情报收集和公共关系角色涉及与华尔街热门金融家的例行会议，盖特纳也不例外。而且我认为在这点上他比许多前任做得更为个性化，情况允许的时候他会单独出席会议，而不是与美联储的同事一起参加。

强有力的人际关系有时被视为弱点

好奇的新闻界通过华尔街上的风声注意到了这一点。根据各种媒体报道，在危机期间，他经常在四季餐厅与花旗集团、高盛以及摩根士丹利的高管进行午餐。他偶尔也去诸如曾任纽约联储银行董事会成员的摩根大通主席杰米·戴蒙等高管的家中参加晚宴。

盖特纳特别接近他所监督下的最大的银行花旗集团的高管。事实上，在 2009 年花旗曾向他提供了 CEO 的职位，花旗在华尔街名声不太好，也被称为“糟糕的（谐音 Shitty）”。哇，他又做到了——虽然没有商业银行的经验，他获得了一个领导世界上最大的机构之一的机会。

好棒啊。好吧，这次也许没那么棒。

盖特纳对于花旗来说有点大材小用了，不过如果能使他与鲁宾保持些距离对他是有好处的，但他从未如此做过。我不认为鲁宾是盖特纳会长久地保持密切关系的那种人，所以我相信盖特纳和他保持密切关系，是因为他对帮助过他的人有回报。不只是那些协助他上升或获得高层职位的人，还包括他在纽约联邦储备银行的同事们，例如那些经常使他看上去比他本身所拥有的光芒更耀眼的人。

至少当鲁宾还在花旗的时候，他可能是我所知道的最玩忽职守、最与现实脱节的哈佛博士了（现在我的名单上他已经被特朗普顾问彼得·纳瓦罗[①] 替换了）。当鲁宾在危机期间谈到花旗的悲观情况时，我觉得

① 彼得·纳瓦罗（Peter Navarro），特朗普政府新设的国家贸易委员会主席。他是加州大学尔湾分校的教授，鹰派经济学家，曾担任特朗普竞选期间顾问，是一名“中国威胁论”者。

彼得·纳瓦罗

他似乎结合了四个特点：不感兴趣又不知情的、不负责任的风险经理、令人生畏的、“我能把死猪说成活的，虽然我可能对死猪一无所知”的嘴皮子功夫。在危机期间，如果没有被救助的话，他的银行可能会崩溃。但他本该知道可能面临的结局，而不是推动银行冒更多的风险。然后，他变成了媒体抨击的对象，特别是在他试图以老套的“现在看起来似乎很明显，但当时并没有”理由为自己在花旗的糟糕表现寻找借口的时候。

相比之下，盖特纳虽然缺乏商业银行背景，但他是一个好的领导者，有着快速的学习能力，总是愿意承认错误，这些特质都使他对于花旗来说远远超过资格了。

当然，与你经常依赖或互动的那些人建立健康的关系是商业世界的一大优势。如果处理得当，这种关系能让人们密切关注最新的信息并且更有效地执行。如我们在美国俗语里说的那样，从马的嘴里直接获取信息，通常来说是一个非常好的方法。

许多人认为，盖特纳做法的积极面和他所建立的关系有点被他缺乏强大的银行背景和对朋友的极端忠诚抵消了。

盖特纳比他有时候表现的要聪明得多。

虽然他缺乏大银行背景，但他很快就掌握了许多复杂的操作和风险问题，同样也包括监管问题，但他似乎对这些问题不怎么感兴趣。我不知道这是否是一个误解，或者就像他的导师鲁宾一样，也可能他对机构的过度监管感到厌烦。在参议院确认听证会期间，盖特纳说：“我不是一个监管者”，这引起了许多人的注意，因为美联储的一个核心任务就是规范和监督许多金融机构。

但有些最复杂的问题需要花一些时间才能掌握——即使对有着萨默斯这样的头脑的人来说也是如此。此外，盖特纳似乎有时候不完全了解高管们提供给他的信息——假设他们告诉他的是事实。在与这些高管们的讨论会结束后，盖特纳可能会羞怯地指示员工对他收集来的隐秘信息进行解释，并确定相关的风险和监管问题。

正如纽约联储银行在崩溃期间的许多领域一样，我所在的领域存在过度工作的现象。此外，我普遍发现，各行各业都在玩的这个“解释这个令人困惑的综合信息（即 ITCM）”的游戏是没有效率的。在 ITCM 游戏上花的时间有时候非常不值得，因为它极其耗费资源和机会成本。

2008 年年中的某天凌晨 1 点左右，当我走向我手下最害羞但也最聪明的分析师并交给她一个她以为是 ITCM（其实不是）的任务时，她一声尖叫“理查德，我看上去像他妈的有特异功能的人吗”震惊了在场的所有人。此前从来没有人见过她发火，更别说听她像大老板一样爆粗口。虽然她为此向我道歉了，但我很理解她，也没有为此感到冒犯。我们大家都处于精疲力尽、接近脑死亡和闷闷不乐的状态，发飙是可以理解的。

盖特纳时常带一两个知识渊博的部下一同去参加那些街头讨论，会对他很有好处。我的同事们开玩笑说，盖特纳有时候独自一人去参加讨论会的原因是，他和高管朋友们会在会后悄悄地造访脱衣舞俱乐部。

对于美联储内部人士来说，这个笑话很可笑，因为大家都知道盖特纳是一个忠实于家庭的人。这么说他就好比说唐纳德·特朗普是一个没有心机、直截了当、完全诚实的人一样。当然不是。

对于那些与他建立紧密关系的人——其中一些是帮助他迅速在金融业的阶梯上节节攀高的坚定支持者（这样的关系最终会被很多人看作他的不利之处），保持些距离是有益处的。盖特纳与权力的联系使得一些媒体和市场参与者认为强大的纽约联储银行更像是华尔街的“喉舌”，而不是监督华尔街的“警察”。

可能他没有意识到他偶尔也需要一个专家，也可能这么做不是他的风格。谁知道呢？不管怎样，他胆怯的高级顾问没有勇气向盖特纳老板提出这个想法。

似乎对朋友的忠诚推动了判断？

我母亲曾经告诉我一个我相信是虚构的故事，但这个故事提供给了我一个隽永的观点。我记得这个故事是这样的：

生活贫困的吉姆是一名职业篮球迷，他梦想着存够了钱去当地的体育馆看他最喜欢的球队的比赛。虽然他只能买一张远离球场的票，但他很高兴终于在球场上而不是在电视上看到球队。

在他找到了他的偏远的座位后，他立即拿起了他那廉价的双筒望远镜，看看他是否能找到他最喜欢的球员在比赛开始前在球场上热身。在扫视球场附近最昂贵的座位上的名人时，他注意到一个空座位。

他想，就这么让这个绝佳的座位空着简直太可惜了。吉姆经过保安来到了昂贵的座位区，坐在空椅子边上的是一位看上去像职业商人但穿着球队的黑白色套装的上了年纪的绅士。

吉姆紧张地问，“这座位有人吗？”绅士微笑着抬头看着吉姆，随意地回答说：“没，没有——这是我妻子在过去连续 28 个赛季的座位，但她本周早些时候已经过世了。坐下吧，我的朋友！事实上，椅子空着的原因是，我的朋友和家人没有能够与我一起来观看比赛，因为他们在她的葬礼上。”

吉姆感谢了他，表达了对他妻子的哀悼，并说他将在使用完洗手间后返回。

吉姆匆忙地回到了他原先那个便宜的座位上，再也没有往昂贵的座位席看过一眼。

哇！商人对当地篮球赛的热情投入蒙蔽了吉姆的判断，导致吉姆做出一个对他来说显而易见但对客观的听众来说却非常有疑问的决定。

有人说，盖特纳也有类似的问题。他偶尔看起来是个精英主义者，但这一点并未能帮到他。联邦存款保险公司[①] 负责人希拉·贝尔恰恰相反，她没有出现在盖特纳最喜欢的人的名单上。她有时候对盖特纳表现得很坚决，比如对各种花旗银行的问题（她认为需要更强硬地对待花旗），还有她认为“三重彩”需要更多地关注失去或即将失去家园的中产阶级公民（这些美国人需要被更好地对待）。

为了缓解大家的压力和沮丧，盖特纳经常在危机期间给我们说些让人放松的笑话，而且往往是经过仔细思考的。不过，当我读到他的危机记录里说的这句话时笑得最狠，他是这样说的：“我们在金融危机期间做的任何一件事都不是出自于对银行或银行家同情的动机，我们唯一的任务是把对普通美国人和全世界人民的伤害限制到最小。”

正如在美联储经历过的许多情况一样，我总觉得，强大的华尔街永远在追求主街上的猎物（普通百姓）。直到被猎杀的猎物拥有它们自己的历史学家，在那之前，狩猎的故事总是使衣着光鲜又狂妄自大的猎人看上去无比荣耀。[②]

① 联邦存款保险公司（FDIC），成立于 1933 年，是美国国会建立的独立的联邦政府机构，通过为存款提供保险、检查和监督金融机构以及接管倒闭机构，来维持美国金融体系的稳定性和公众信心。其总部位于华盛顿，管理机构是五人组成的董事会。

② 因为人类有历史学家，所以会为猎人脸上贴金，但是猎物没有历史学家，只能随人类编故事了。这段和上段理解为，民众是“猎物”，盖特纳是“猎人”、精英主义者，为上层服务。上段明显是他贴金的话，所以作者“笑得最狠”。

沃尔特·巴格特格言

“下次我再听到有人在任何情况下使用这个名字，我就会从我14楼的办公室窗口跳下去。等等，我太爱生活了——我会让附近的精神科医生来评估我的理智。”

沃尔特·巴格特是一位受欢迎的英国记者，他于19世纪出生于一个富裕的银行家族。虽然他的大学学位是数学和道德哲学，但他在与《经济学人》第一编辑的女儿结婚之后开始写经济学。此外，他最终从他的岳父那儿接手成为《经济学人》的编辑。

研究生的时候，我写了一篇关于这个资格不足的传奇人物对现代经济学家的惊人和持久影响的文章。事实上，许多人把他视为“中央银行之父”，是基于他对货币当局如何在极其动荡的时期采取行动的想法，也就是所谓的“巴格特格言”：

以惩罚税率和良好的抵押品自由地贷款给有偿还能力的机构。

许多人——包括前主席伯南克及其一些助理人员，似乎认为这个150年前写的原则不仅适用于那个时候，也适用于当前的全球金融危机市场。因此，它：（1）悄悄混进了可能延伸流动性的讨论，（2）使我质疑我的理智。

为什么我认为今天遵循这个说法可能并不是好的判断力，我可以写一本书，这本书的合著者是蒂姆·盖特纳。我这样想的时候，包含前三章的内容出现在脑海里。

书的目录如下：

第 1 章：巴格特没有提供这个他妈的想法作为格言

第 2 章：我们他妈的过去 150 年的金融状况的变化

第 3 章：道德风险——不要他妈的奖励坏行为

……

我曾经开玩笑地告诉我的管理团队成员，如果换我来做的话——虽然我完全和这事儿不沾边——我要让美联储摆脱这个所谓的原则，我这么说是根据我母亲的更有用的格言：

> 你不能阻止一只有坏主意的鸟儿飞过你的头，但是你可以阻止它在你的头发上筑巢。

啊，你知道的，伯主席没有头发。

1914 年美联储首届理事会成员

1936 年以来 12 个区域联储银行大楼

第二章　危机重重——美国的住房市场

FEDERAL RESERVE

通往地狱的道路，是被帮倒忙的人的良好意图所铺就的。

——克勒窝修道院院长圣·伯纳德

政府的住房政策——追逐美国梦

自我有记忆以来，我就有非常糟糕的睡眠习惯。每晚入睡前，我通常会小吃一顿，满足了我的胃之后才爬上床。然后我会打开我的iPhone手机阅读和目前的亚洲市场有关的新闻和消息。看一会儿之后基本瞌睡虫就来了，一般我能从凌晨两点睡到六点，期间可能会醒来一两次。看上去这睡眠质量真是糟糕啊，但这还算是表现比较好的时候，如果压力大的时候，那就更别提了。

1995年中的一个温暖的夏夜，大约凌晨1点的光景，我躺在卧室的床上，沮丧地盯着天花板。那天下午早些时候，我老板提供支持的高级风险委员会（SRC）打来电话要求我加入他们已经在进行的一个“紧急会议”。虽然我从前从来没有被召去参加过紧急会议，但是我确定会议正在讨论的话题是非常重要而且有很高的时效性的。因为很渴望在老板在场的情况下为委员会做出点贡献，我立刻放下手上的工作，整理好自己，迅速离开办公室，在洗手间的镜子前把我那条红色领带拉正了，跳上电梯走进会议室。

高级风险委员会刚刚发现了一个接近倒闭的银行，要求我当场为他们提供对该问题银行的资本和流动性的分析，以及让我对于如何管理相关风险提出意见。虽然当时我还处在职业生涯早期，但我已经是美联储处理五十多个倒闭银行的指定人选，在这些问题上我是专家。

我大约花了 15 分钟审阅了该银行的数据，然后提出了我的意见。在提出了几个问题后，高级风险委员会批准了我的建议并指示我立即实施这些建议。欢呼！看上去我在会议上表现非常好对吧？

错啦。我并不知道，我的老板在我到达之前已经就这个情况提供了完全不同的观点。在会议结束后，他把我叫到他宽敞的办公室并让我关上门。他发怒的脸涨得通红，一边流汗一边大叫道："你他妈又这么干了啊，想出风头吗？我已经告诉他们我们要怎么做了，你居然敢卖弄你的专业知识来让我丢脸？告诉你吧，这事儿还没完！"

虽然我之前曾因为提出不同于他的意见而受到过他的批评，但是这次的责难让我很受打击，因为他向高级风险委员会提出的建议是很危险的，而且他对我尖叫的行为非常幼稚。

我越来越对美联储的公司文化感到失望，这是一个并不拥抱多样性，而是鼓励同一思想和行动的工作场所。重要的决定很少纳入该主题的专家的意见，这主要是因为两个普遍的问题导致的：

招聘实践：美联储的招聘趋势有明显的模式，即从精英大学招聘"点头的员工"，也就是说这些人只会说"是"，而不会挑战管理者的想法或指示。这种模式非"点头哈腰的人"不招。

管理风格：一些不随大流的"非点头员工"过了招聘这一关，他们尽最大努力提供自己的见解并敢于挑战管理者的决定，可惜这种行为没有在美联储内部得到珍惜和鼓励。

作为一名经济学家，我认为要改变一项不喜欢的行为是非常容易的，施加有意义的成本就行了。想减少驾车进入纽约市的人数？好办——那就提高公路入口收费处的票价。显然，大多数美联储领导人都像经济学家一样思考，因为大多数不是追随者的员工都成了“点头的员工”，以回应管理层创造性的成本使用。一部分被迫转移到其他领域，降级啊，解约啊，绩效评估给差评啊，减薪啊，报复啊等，这些都是美联储“我说什么你必须服从”文化的一部分。

不过，这并非我的操作风格。我聘请的人不用担心因为挑战我的意见而遭到报复。当做出关键决定时，我希望被那些会质疑我的想法并周到地提供他们的见解的人所包围，因为我坚信这种方法将带来更好的结果。此外，我确定会在我的最后建议里面提到提出过宝贵意见的工作人员的姓名。不幸的是，十个美联储领导人中有九个没有这样做，由于缺乏工作人员的专家意见，这导致在许多问题上都没有取得最佳结果。你等下会在后面看到，我认为这种文化在金融危机中发挥了作用。

好吧，回到我卧室的天花板。我不再继续注视它，一再让下午发生的事在脑海中重演，我想换换焦点。我记得在美国作家戴尔·卡内基的一本书中读到一个观点，他认为，对我们持续的心理健康产生最大的负面影响，并非缺乏睡眠，而是在试图睡着时我们无尽的、令人沮丧的想法。

于是我起身从床上下来，走到客厅打开电视机。

“拥有房子是每个公民的梦想——美国梦的一部分。虽然自大萧条以来的政府政策帮助我们在这一领域取得重大进展，但这个梦想仍然对一些人来说是难以企及的，现在是政府进一步努力使更多的个人和家庭可以拥有住房的时候了。”

在这个点儿的情况通常是这样的，午夜凌晨的观看选择比较无耐——没有新闻节目，没有市场秀，没有纪录片。在这种情况下，我的首选是政府资助的频道，当时正在播出克林顿总统向国会领导人介绍他

的提议，他试图向那些仍在追逐遥不可及的美国梦的人传递信息，以实现增加政府援助来提高美国人的房屋拥有率。

唉，选错频道了呀，我心想，在美联储已经有够多的领导告诉我要怎么想怎么做了。

现在轮到克林顿先生了。谁给这家伙全能的权力，来决定房屋所有权应该是美国集体身份的核心特征？且不说这将干扰市场的运作，对于一个推动个人从银行获得贷款买房，然后加上利息费用需要支付银行2～3倍的借款的提议来说，这分明是“美国式愚蠢”，而不是什么“美国梦”。

我在我的日记中记录的专门针对“重要思想”的评论包括：

• 对不起——我难道不应该追求我所渴望的幸福吗？

• 一个均码的具体的全国性的梦想，几乎不可能适合所有人！让我们大家都来追求更健康的生活方式吧，这个可以有。让大家都来买房子吧，这个不行。

• 不管怎样，政府需要让公民自己追求具体物质目标，不要强迫人们做一些他们不想做的事情。坚持治理和设定广泛的目标即可，而不要为美国人设定具体目标。

把我的挫折全部归咎于“圆滑的比尔”可能有点不公平。哦，对了，“圆滑的比尔”是克林顿试图辩解他婚外情的时候而获得的绰号。政府在鼓励公民购买房屋方面的作用是在大萧条后近 70 年前开始的，目的是稳定和促进住房产业。然而，这一善意的努力在随后的几十年里逐渐增长。在 2007 年的那场经济崩溃到来时，政府的住房政策已成为了社会政策的政治表现。

顺便提一句，还记得我糟糕的睡眠习惯吗？我忘了说了，通常我不做梦，别跟我谈什么梦想。

大萧条：梦的形成通常是为了对抗噩梦

“理查德，那是一个可怕的时期。我丢了在皮革厂的工作，之后一直找不到工作。你的你祖母以前没有工作，因为她不得不照顾我们的八个孩子，其中一个是你的妈妈，因为我找不到工作，于是她急切渴望找到一份工作，但很不幸她也找不到工作。为了生存，我们很快耗尽了所有的储蓄，紧接着又因为无法偿还银行按揭而失去了我们的住房。然后，我们全家搬到了一个政府提供的只有一间卧室且没有暖气的公寓。我们的温饱就靠政府提供给我们的免费食物，通常只有面包，而且还得在刮风下雨的各种天气排上延伸几英里的队伍后才能拿到。在费城寒冷的冬天，公寓的大部分热量是由两个小灯笼产生的，一大家子的人全部挤在我们的小客厅里睡觉。我们的邻居和朋友的处境同我们的家庭一样糟糕，有的甚至更糟糕。自杀在当时似乎是件很普通的事情，我们失去了两个亲爱的朋友，他们再也承受不了失去家园和没有能力养家的压力了。其中一个男人过去就住在我们隔壁，也是我在皮革厂的同事。”

这段话是我母亲讲的。自从懂事以来，我就一直对那次大萧条很感兴趣，因为我母亲的家庭在大萧条中受到了严重的影响。我甚至选择这个话题作为我六年级的主要写作任务，直至今日我都非常珍惜当年准备的手写文稿。作为这项写作任务的一部分，我花了几乎一整天时间和我93岁的意大利移民祖父讨论大萧条，并在我的论文中引用了他的想法。

1929—1933年的大萧条源于华尔街的一场崩溃，这导致了失业、贫困，家庭违约贷款率和自杀率也大幅上升。

虽然许多高质量的经济研究已经得出结论：中央银行在试图使用紧缩的货币政策，逐渐减少股市泡沫的同时，造成了1929年的崩溃。不幸的是，监督经济的那帮聪明人低估了他们的政策所造成的影响，股市崩溃了。更糟糕的是，美联储在崩溃后继续执行紧缩政策，导致经济活动收缩的深度远远大于原来的水平。经济急剧下滑的净效应是对美国经济前景的突然而普遍丧失的信心。

因为在大萧条时期，许多房屋贷款恶化，银行采用了非常保守的贷款政策作为住房融资的主要来源。贷款人只向那些有很出色的就业和信用记录的买家发放抵押贷款，最多只能提供房屋价值40%～50%、最长期限为5年的贷款。

正是在这种背景下，美国政府开始了有针对性的政策来推动居民实现“美国梦”（对某些人来说是噩梦），方法就是使人们更容易获得家庭融资。

在我们来看大量的政府努力之前，先让我为您提供一些政府在自由市场中的作用的背景思考。

关于政府在自由市场中的作用

当每个市场中法规的作用和有信誉的政府机构的监督被最小化但非常奏效的时候，自由经济表现最好。例如，一个没有政府侵入的市场会很挣扎，因为他们经常是由强大和贪婪的人主导，他们把成本强加给其他参与者。同时，由于官僚的参与增加了成本，那些纠缠过度的干预又是非常低效的。

鉴于经济大环境的复杂性和其国际连通性的快速增长，在自由经济的市场中实现政府参与的适当而又平衡的“甜蜜点”是具有挑战性的，但也是至关重要的。

2008 年的金融危机主要是由于这个“甜蜜点”被不幸错过了的大市场中的问题造成的。尽管国会和由美联储领导的监管机构出发点是好的，但仍然无法做到平衡市场干预和监督。此外，与一些关键市场所受到的干预相比，它们远远需要更多不同程度和类型的干预。

为了澄清起见，本书“金融监管者”主要指美联储。在很大程度上，美联储带头，而其他监管机构跟随。不过，为了配合本书的时间表，这里所说的并不适用于被称为联邦存款保险公司的监管机构。该机构随后由席希拉·贝尔担任主席，她是一位超级聪明、有勇气且坚持不懈的领导人，她不惧怕挑战华尔街和其他监管机构，并且在做决定之前始终先考虑政策的社会、伦理和经济后果。

美国联邦住房管理局（FHA）

1934 年，美国政府创建了联邦住房管理局（FHA），它有权为抵押贷款提供最多达 100%的贷款金额的保险。通过提供政府担保，联邦住房管理局希望改变银行和其他人不愿意对占房屋价值较高百分比的部分提供长期贷款的局面。事实上，联邦住房管理局并没用多久就开始为银行发行的占房产价值 80%以上且支付期超过 20 年的抵押贷款提供保险。不过，联邦住房管理局要求买方拥有远远超过按揭每月付款的优良信用历史和收入。由于这些严格的准入标准，联邦住房管理局在为后来二十年（即 20 世纪 30 年代大萧条的后期、第二次世界大战和战后住房繁荣时期）的记录树立了好榜样，因为联邦住房管理局保险抵押贷款的违约率远低于 1%。

联邦住房管理局报告

房利美和房地美

房利美（联邦国民抵押贷款协会[①]）

虽然联邦住房管理局提供的保险改善了银行不愿提供抵押贷款的局面，但并没有为他们提供必要的资金。因此，1938 年美国政府成立了联邦国民抵押贷款协会（房利美）来购买联邦住房管理局投保的抵押贷款。通过购买贷款，房利美为银行提供必要的资金，来提供更多的抵押贷款，从而为住房所有权和美国住房行业的发展提供资金。

1968 年，昂贵的越南战争正在进行中，约翰逊总统寻找政府可以

① 联邦国民抵押贷款协会（Fannie Mae），成立于 1938 年，是最大的美国政府赞助企业，主要从事金融业务，以扩大资金在二级房屋消费市场上的流动。2008 年 9 月发生次贷危机以来，它由美国联邦住房金融局接管，从纽约证交所退市。

减少开支的其他领域。作为他努力的一部分，房利美被部分“私有化”，从此它不再成为政府开支的一部分，而同时政府也不会失去它提供给住房的好处。它从一个成熟的政府机构转变为一个政府赞助企业（GSE），维持华盛顿为其确定的目标，但由私营部门股东拥有。其净收入包括：（1）银行为其提供的抵押担保收到的费用；（2）从投资收益中收回的费用；（3）抵消联邦国民抵押贷款协会支付给银行的该机构担保的违约抵押贷款的金额。

房地美（联邦住房贷款抵押公司[①]）

1970年，国会成立了一个几乎相同的政府赞助企业，即联邦住房贷款抵押公司，来进一步帮助住房行业。房地美的目标是为住房市场提供额外的流动性，做房利美的后盾，同时有利于两家公司更好地竞争。

市场对政府赞助企业风险的看法

房利美的“政府资助”被大多数全球市场参与者看作几乎无风险，因为他们将“政府资助”理解为等同于“政府支持”。这种看法导致了政府赞助企业拥有其他私营公司得不到的优势。首先，政府赞助企业能够以略高于美国财政部支付的成本筹集资金，远低于私营部门其他公司面临的利率。其次，和联邦监管机构对其他资产的限制不同，联邦监管机构对银行可以购买的联邦抵押贷款支持的证券的数量没有限制，并且鉴于他们的风险较小需要他们为此持有的资本也很少。

此外，政府现在允许政府赞助企业（两房）购买不被联邦住房管理局（“常规”贷款）担保的抵押贷款。虽然他们只被允许获得低风险贷

① 联邦住宅贷款抵押公司（Freddie Mac），是第二大的美国政府赞助企业，商业规模仅次于房利美。1970年由国会批准成立，旨在开拓二级抵押市场，增加家庭贷款所有权与房屋贷款租金收入。房地美和房利美在核心业务、经营模式、经营理念上基本一致，存在竞争关系，2008年金融危机中同样被政府接管。

款，但这导致了第一个二级市场的传统住房贷款的诞生，从而为政府赞助企业提供了一条新的业务线，也为股东提供了更大的潜在利润。

但是，额外的利润是以增加风险为代价的。为什么？在借款人无法偿还这些贷款的情况下（借款人违约），政府赞助企业不仅要购买，还要购买政府保证偿还的无风险贷款。这样，政府保证偿还的抵押贷款和不能保证偿还的抵押贷款加在了一起。如果任何无担保的贷款遭受借款人违约，房利美和房地美就必须在他们的账簿上记上损失。这样，损失就在逐步积累。

抵押贷款证券化

到 20 世纪 80 年代，抵押贷款证券化技术（发行由一系列优先抵押贷款支持的证券）已经得到了大大发展，这使得华尔街和私募公司更容易发行和出售住房抵押贷款支持证券①（MBS）。

因为证券化在危机中发挥了非常重要的作用，让我们花点时间来谈一谈证券化。我将从一个外行人的描述开始，发行房屋贷款的银行从购房者手中获得了大量的借据（IOU），购房者承诺未来 30 年每月支付房贷给银行。

虽然有些银行选择在 30 年里在他们的账簿上保留这份抵押贷款以及与之相关的风险，但很多银行选择把抵押贷款转头卖掉从而立即获得现金，这样他们可以用现金来获得更多抵押贷款并同时消除风险。抵押贷款的买家可以是私人投资银行，如高盛或摩根士丹利，也可以是政府资助的企业，如房利美和房地美。

但他们不想拥有一个需要 30 年才能偿还的资产，其风险较大，所以他们反过来把它们捆绑在一起，并将捆绑的一些部分作为债券卖掉，这些债券称为住房抵押贷款支持证券。每月的按揭付款则通过证券从购

① 住房抵押贷款支持证券：是资产支持证券（ABS）的一种，其偿付给投资者的现金流来自于由住房抵押贷款组成的资产池产生的本金和利息。

房者转到证券的拥有者。

在这样的背景下，非常早期的住房抵押贷款证券包括以下过程和参与者：

• 称为“抵押贷款发起人”的放贷人同意向希望购买房屋的人提供抵押贷款。发起人可以是银行或非监管抵押公司。

• 抵押贷款发起人然后联系“证券商”，并让他知道他有抵押贷款出售。证券商是与华尔街大银行密切合作或密切关联的一家公司，他购买抵押贷款，并向放贷人支付不菲的费用，作为将抵押贷款销售给他的报酬。

• 然后证券商将抵押贷款添加到他们持有的由许多其他抵押贷款组成的池中。

• 然后他将支付池中的抵押贷款的房屋买家支付的所有款项分成小块——这些钱款称为住房抵押贷款证券，再卖给大型投资者，每个小块都有相同的风险。

• 证券商使用他从出售抵押支持证券获得的钱去买更多的抵押贷款。

证券商可以以各种方式创建住房抵押贷款证券。一个简单的方法是，只需给每个住房抵押贷款证券买方直接提供对底层池的一小部分的拥有权，而每个证券的风险相同。

但是，不同投资者的风险承受力水平不同，风险承受力水平高的人希望能够购买风险更大的住房抵押贷款证券，以期获得更高的回报，而那些风险承受力水平低的人则希望购买更安全的、回报相对较低的住房抵押贷款证券。

为了满足这种需求，华尔街的聪明人设计了一种方式。他们通过将底层抵押贷款池分割成多个部分并发行由每个部分支持的住房抵押贷款证券，来创建不同风险的住房抵押贷款证券。

抵押贷款证券化模型

举一个简单的例子。假设证券商拥有 1000 个 30 年贷款且信用良好的支付者，它们组成一个池子，并希望创建 30 种风险类型各不相同的住房抵押贷款证券。证券商打电话给我看看我有什么想法。

当面对任何证券从底层资产池中获得价值的结构化融资情况时，我经常是这样开始考虑的，我把底层池中的每个资产当作一个建筑物，并排站在一起，然后思考如何根据我想要的结果切割它，每个切片被称为“阁楼”（即证券的一部分）。

在这种情况下，我会设想有 1000 个建筑物（1000 个抵押贷款）并排站在一起。在我概念化之后，我开始考虑如何将它们切成碎片以达到目标。现在让我们来看一看，我知道的一个事实是，早期的抵押贷款通常承担比后几年更高的违约率。嗯，那我怎么能把这个情况和我想象的 1000 个建筑物联系起来呢？

那么，如果我将 1000 个建筑物中的每一个切割成 30 个楼层，并且每个楼层相当于一年的付款呢？这样，我想象 1000 个 30 层楼的建筑相邻，它们的地板都相连。例如，8 层楼是跨越 1000 个建筑物的超长的楼层。它包含池中贷款的第 8 年的付款。

我给证券商回电，告诉他我这模型的概念化，他很喜欢我的想法，因为他也知道，较高层包含最低的违约风险，而下几层的风险更高。

• 保守的投资者会购买后期支付的住房抵押贷款证券，并获得较低的回报率（较高层的“阁楼”）。

• 一个风险承受能力较高一些的投资者愿意冒更多的风险，获得更大的回报机会，他可能会在中间层购买“阁楼”，称为夹层。

• 此外，购买 1 层楼（付款的第 1 年）的人用更高的风险来换取更高的投资回报；他可能会受困于一个支付给他少于承诺支付额的证券，原因是他的“阁楼”中的按揭付款遭受到许多违约（最低的“阁楼”）。

好了，大概的意思你明白了吧。

罗伯茨的“贪婪测试”

说到住房抵押贷款证券的风险，我曾读到一篇在20世纪80年代中期由美联储经济学家撰写的专业文章，是关于住房抵押贷款证券业务的，很容易理解。其中，作者赞扬证券化是金融市场的一个伟大的创新，有着最小的下行风险。

我当时想，可能作者说的是对的吧，但让我再思考一下看看。我在我的职业生涯早期确定，涉及大量不受监管的华尔街的新金融产品，通常基于有缺陷的模型，这些模型通常包括使得市场参与者为赚更多钱而做出坏决定的激励。在美国，我们称之为“贪婪”。

因此，我进行了一番贪婪测试。我对测试结果一点儿也不惊讶，我发现了与借款人质量和抵押贷款额相关的各种风险，包括：

• 因为安排按揭的人（发起人）转手就把它们卖给了证券商，所以他们没有强大的动机来确保借款人可以偿还贷款。贷款违约的风险就这样转嫁成为了证券商的问题。

• 由于发起人每卖一个抵押贷款都能从证券商那里收到巨额的费用，所以他们有很大的动机发行更多的抵押贷款。抵押贷款数量越多意味着收到的钱也更多。增加抵押贷款数量的方法包括：（1）减少承保借款人和预交房子的时间；（2）降低批准标准让更多的人有资格获得贷款。

• 由于证券商很快向大型投资者出售巨额利润，他们不在乎他们购买的抵押贷款的质量。贷款违约的风险被转移给购买证券的大型投资者。这种风险会变成系统性的吗？

• 由于抵押支持证券不了解借款人，他们的意见仅仅基于三个评级机构之一分配给住房抵押贷款证券的评级，大家都知道这三个评级机构给他们自己也不明白的证券高于其质量的评级。

住房抵押贷款证券风险的衡量标准是由评级机构确定的，那么评级机构自身水准如何？好吧，这么说吧，你很难在那儿找到最好和最聪明的员工。

那么，如果他们错了怎么办？

证券化基本上创造了一种可以传遍整个世界金融系统的风险的局面。

我嗅到了麻烦。不过，由于我不是住房抵押贷款证券的专家，我就预约了写那篇证券化文章的美联储经济学家来讨论我的担忧。

“理查德，事实是，主席（格林斯潘）的人和我们的研究主任强烈建议我，从我的文章中删除前四个问题。格林斯潘的办公室表示，自由市场会自我处理这些问题，如果这些担忧传到国会耳朵里，他们将执行繁重的法规来监督证券化和我们的评级机构。关于你对评级机构的看法，我还没有考虑过。”

在我们的会谈结束后，我嗅到了更大的麻烦。

弱势群体的抵押贷款（1992 年政府赞助企业法案）

在 20 世纪 90 年代初，美联储的两项研究表明，许多低收入或少数民族居民并没有能够享受到政府赞助企业的好处，他们继而发现这些人很难获得抵押贷款。这激怒了全国各地的许多社会活动家，他们组织抗议和游说国会，来解决针对美国弱势群体的许多人所认为的不公平待遇。因此，在 1992 年，政府颁布了政府赞助企业法案，要求房利美和房地美从低收入和少数民族居住区购买相当于总量 40％的抵押贷款，以增加这些地区的住房需求。

由于目标区域的合格借款人短缺，政府赞助企业挣扎着实现其强制性目标，因此采取行动使这些个人更容易获得贷款。这些行动是有风险的，最终将蔓延到所有借款人，当这导致住房市场崩溃时，住房价值就会下降。

很容易获得低利率抵押贷款

为了使更多的借款人符合资格，放贷人在最初几年创造了利率很低的抵押贷款。不过，在两三年后，利率会大幅上升。如果美联储提高市场利率，利率重置将会更高。在所有情况下，对这些抵押贷款的付款将大幅增加，通常达到难以承受的水平。更糟糕的是，放贷人使用初始的低额月付款，而不是后来更高的月付款，以确定借款人是否能负担得起贷款。

这些抵押贷款对放贷人有吸引力的原因有很多。首先，最初的低于市场的低利率吸引了更多的借款人，放贷人收到的费用也更多。其次，在低利率结束之后无力支付剩余费用的借款人被迫回到抵押贷款发起人

以房屋为担保的贷款

那里再获得一笔低额初始付款的新贷款，以偿还这部分还不起的贷款。每一次家庭再融资，即获得一笔新贷款以偿还旧贷款，抵押贷款发起人就能获得更多的手续费收入。

当然，放贷人使用房屋作为贷款的担保，借款人可以继续获得新的贷款，只要他的房子价值至少与他需要贷款的金额等同。从 2000 年到 2005 年，根据耶鲁大学罗伯特•席勒教授的数据，房价比现代历史上的任何时候上升得都快，所以借款人夫妇都不用担心了。真的不用担心吗？我们接下来看看。

放松了的贷款标准

由于目标地区缺乏合格的借款人，政府赞助企业要达到其强制性目标非常挣扎，因此房利美和房地美降低了贷款审批标准。例如，他们不再需要借款人有优秀可靠的信用和就业历史、详细的收入证明和首付。

这些宽松的审批标准在整个抵押贷款行业像野火一样传播，远远超出了他们的原意。

已经服务于目标地区的机构（“次级贷款机构”）看到他们的业务下滑，因为他们现在正在使用更容易批准的标准与一级贷款人竞争。因此，次级贷款人被迫放松其标准以保持竞争力。

有趣的是，集中于为具有优秀可靠的就业和信用记录的中高收入借款人提供贷款的贷款人也受到影响。尽管他们的成本较高，但许多“主要”借款人喜欢他们获得次贷贷款的容易和快捷。为了避免损失大部分目标市场，主要贷款人也降低了其承销标准。

正如你预期的那样，由于整个抵押贷款市场放松了贷款标准，住房融资的需求就增加了。然而，随着这种扩张，美国的优质抵押贷款在减少，由其发行和担保的政府赞助企业的风险则日益高涨。

大意外——政府接管房利美和房地美

即使使用宽松的标准，政府赞助企业发现要满足他们的次级任务仍然是非常具有挑战性的。1995 年，政府协助房利美和房地美，允许他们购买由低收入和少数族裔目标地区的高风险贷款池担保的住房抵押贷款证券，并将这些住房抵押贷款证券采购计入其规定的目标。

由于次级抵押贷款[①] 人已经完成了对次级贷款的承销，房利美和房地美发现，购买次级住房抵押贷款证券是更容易实现其目标的方式，于是对这些证券的需求增加了。为了满足更高的需求，次级贷款人发放了更多的贷款，并创造了额外的风险池，出售给华尔街，然后华尔街创造并发行了次级住房抵押贷款证券。政府赞助企业迅速成为这些高风险证券的最大买家，购买量超过 30%。

这就是一个火药桶啊！
金融危机在劫难逃！

住房政策对崩溃的影响

越来越多的政府授权和更容易的承保标准是导致崩溃的主要原因。事实上，房利美和房地美收购的大量的风险贷款和抵押支持证券，相关违约是一起强大的事件，其本身便可以引发一场小的危机。

然而，一场重大的金融危机是不可避免的，因为市场竞争，导致宽松的政府赞助企业标准扩散到所有领域的所有借款人。你可能会惊讶地发现，有接近 60%的主要借款人与崩溃相关的抵押贷款存在违约。

尽管金融危机对大多数家庭产生了影响，但拥有住房的“美国梦”仍然深深根植在公民和美国政府的集体认同之中，只是不如危机发生之

① 次级抵押贷款，简称“次贷”，是指贷款机构向信用程度较差和收入不高的借款人提供的贷款。危机前，美国放松购房信贷标准，形成次级房贷市场。次级房屋信贷经过贷款机构及华尔街用财务工程方法加以估算、组合、包装，就以票据或证券产品形式，在抵押二级市场上出卖、用高息吸引其他金融机构和对冲基金购买。

前那么强烈了。

泡沫破灭

在 2007 年金融崩溃之前的几年里，由于审批标准的放宽和处于历史低位的美联储利率，抵押贷款需求激增。2006 年，泡沫破灭，抵押贷款违约大幅增加，这给政府赞助企业带来了大量损失。房利美和房地美在次级住房抵押贷款证券方面投入了大量资金，部分是为了满足他们的配额，这些资金大部分是借来的钱。此外，这两家政府赞助企业都无法支付他们卖给银行的贷款担保承诺。在美国次级房贷市场持续低迷、法拍屋大幅增加、金融市场动荡的情况下，美国政府于 2008 年 9 月宣布接管濒临破产的房利美和房地美。

上个十年积累的泡沫

1996 年，美国经济显然开始由于硅谷初创公司（俗称 .com）带来的互联网创新而加热。消费者渴望用到这些通过互联网越来越容易购买到的方法、商品和服务。此外，网络公司盈利很大，股价迅速上涨。

美联储应清楚互联网泡沫

事实上，在美联储主席格林斯潘在美国企业研究所发表的非常著名的《非理性繁荣》演讲中，他似乎提醒市场要谨慎。虽然它包含了很多格林斯潘言辞，但我可以提炼出几条评论，表明美联储对互联网泡沫表示担忧，并将提高利率。

• 试图贬低互联网股票市场，他问：“什么时候我们知道不合理的繁荣是否过度升级了资产价值？”

• 然后他补充说："如果崩溃的金融资产泡沫不会损害经济，央行的银行家就不用担心。"

我认为逻辑上，由于格林斯潘试图贬低互联网市场，所以他一定认为它的崩溃会对经济产生重要的影响。再结合他在这一年中所表达的对全球经济快速增长导致通货膨胀压力的担忧，使我预期联邦基金利率会有立即而慎重的提高。事实上，我认为格林斯潘以他惯常的混乱和间接方式给出教科书式的升息提示。

尽管有以上声明以及此前曾表示过对通胀的担忧，美联储决定不提高利率，直到 1998 年年初，提高了一次，而且仅提高了 25 个基点。我猜格林斯潘并不如我想象的那么担心。不久之后，格林斯潘表示，他之所以没有大幅提高利率，是因为互联网公司提高了的生产力和通货膨胀之间的相互关系并不清楚，使得如何做出适当的政策也并不清楚。

他本应该尽快搞清楚的。

1998 年，一连串的国际危机震撼了包括美国在内的全球市场。其中一个结果就是，华尔街最受尊敬和最大的对冲基金长期资本管理公司几乎崩溃了。

作为对此的回应，美联储三次下调利率以放松市场流动性。

利率下滑进一步推动了日益增长的"互联网泡沫"和消费支出。对此，几位联邦公开市场委员会成员对格主席表示了担忧。

但格主席反应迟缓，我不太清楚是什么原因。在我大学时代的早期，我了解到，人为的泡沫最终会破灭，并对经济造成破坏。可能他的模型又是模糊不清的。

格主席反应太迟的一个迹象，就是他在 1999 年年中至 2000 年年初提高了六次利率。然而，这次利率上调太晚太多又太快了，而互联网泡沫在 2000 年初达到顶峰之后就不幸破裂了。2000 年，互联网泡沫的规模翻了一番，比前四年增长了五倍。这直接导致了：股票下跌，公司重挫，财富蒸发。到 2001 年，美国经济陷入了衰退。

“恐怖袭击”后的行动

2001 年 9 月 11 日，针对美国的恐怖主义行为，进一步导致了市场波动，使得经济问题进一步恶化。对未来增长的期望被不确定性所主导，这使得经济衰退加剧了。

那时，美联储面临着一个接一个的主要逆风。作为回应，由似乎是处于恐慌中的格林斯潘领导的中央银行采取了一系列迅速和重大的货币政策行动，美联储认为“由于挑战的规模巨大，需要重新启动美国的经济引擎”。美联储大幅降低其目标利率，从 2001 年的 6.0%降至 2004 年的历史最低点 1.0%。

2008 年前的住房泡沫

美联储激进的反应是基于希望经济可能通过“财富效应”点燃 ——低利率可能提振住房需求和价格。听起来很耳熟吧？由于家庭通常是消费者投资组合中最大的资产，因为人们对自己的财富感到更舒适和安全，他们可能花更多的钱。增加的购买可以通过增加债务、出售房屋的利润，或者可能通过再融资来收回一些股权而获得的现金来支付。由于消费需求的增加，购买可能刺激商业投资。

但是，等等——我们不是刚经历了财富效应的互联网泡沫和美联储逐渐刺破泡沫的失败吗？可能主席从互联网的经验中学到了很多东西，这些将被应用于他所创造的未来资产泡沫的经济影响。那么，美联储是这一轮泡沫的智者吗？——NO。

结合宽松的贷款标准和来自新兴市场的储蓄流量的增加，激进的宽松态势催生了一个蓬勃发展的住房行业，也被称为大规模的“房地产泡沫”。由此推动了接近最高记录的 2002—2005 年住宅建设率。驱动消费的住房财富使得 2004—2007 年的储蓄率几乎为零。

由于这个泡沫看起来比此前的网络泡沫更强大，格林斯潘主席非常担心强大的住房财富效应可能导致潜在的通货膨胀。因此，美联储在2004—2006 年连续 17 次会议上提高利率，从 1.0%提高到 5.25%，以通过提高住房贷款成本来削弱住房市场的繁荣。

美联储的许多人认为主席失去了他所拥有的任何分析技能。他的做法没有经过深思熟虑，他应该知道：

• 抵押贷款数量和房价不会受到影响——联邦基金利率上升并没有削弱抵押贷款的流动性。首先，在繁荣期间，联邦基金利率和抵押贷款利率之间的相关性是微不足道的 0.18。其次，华尔街工作的抵押贷款经纪人现在是抵押贷款的重要来源。每年数百亿美元的新资金涌向房主。将抵押贷款包装成证券（证券化）已经使像养老基金和保险公司这样的机构投资者成为抵押贷款的主要提供者。

• 可调期利率抵押贷款（ARM）的支付大幅增加。当格林斯潘在2004 年提高利率时——可调期利率抵押贷款就是基于这个利率的。崩溃时钟的指针开始嘀嗒作响，他应该知道这一点。数百亿美元的可调期利率抵押贷款的价格将在 2006 年重置上升。那年，抵押贷款违约率开始迅速上升，房价首次开始下降，借款人违约率迅速上升。

2007 年，贝尔斯登的两家对住房抵押贷款证券（MBS）大量投资的对冲基金破产，自大萧条以来最严重的信贷危机开始了。

记住那些小丑

下一次你去购物时，想一想营造了快乐繁荣却也导致了人为资产泡沫痛苦爆破的马戏团小丑，因为他们可能对你有重要的影响。

这些是导致你的购物之旅变成“只看不买”的人。

来自“马戏团”的这帮有趣的人让你变得更穷了，还缩短了你的寿命，真是无语了。

“影子银行系统”[①]（SBS）

我的研究强烈地表明，深度和持久的市场破坏性衰退几乎总是伴随着商业银行危机，恐慌的客户从银行系统中提取大量资金。

但是2007—2009年的经济衰退呢？它没有出现广泛提款的真正的银行危机。

根据我的判断，这场经济衰退确实伴随着银行业危机，只不过不是我们都知道的商业银行体系。这场危机起源于一个不同的体系，即“影子银行系统”，其中包括与普遍超出监管职权范围的银行非常相似的大型机构。

当时，美联储不怎么了解影子银行系统，对它的风险、规模、交易工具和主要参与者都知之甚少，他们也不知道它是否是受了恐慌的影响。

答案是，是的。而且恐慌发生了。

而银行恐慌——无论其起源于何处，都会产生有害的经济影响。

缺乏监管的影子银行

与其他作者不同，我认为，未能了解和监管影子银行体系是造成金融危机的主要原因。

由于影子银行体系发挥了至关重要的作用，因此读者应该要对影子银行体系有一个基础了解。在接下来的几页中，我将会大概地解释一下——我保证不会深入到具体细节。

影子银行体系由很大程度上不受管制的机构组成，其职能与传统监管银行的功能非常相似。参与这一制度的机构在很大程度上是为了避免受到管制的成本——他们在以下几个方面不受规则或最小程度上受规则

① 影子银行系统（the Shadow Banking System），包括投资银行、对冲基金、货币市场基金、债券、保险公司、结构性投资工具等非银行金融机构。“影子银行”的概念诞生于2007年的美联储年度会议。其具体做法是将次级债务和其他资产捆绑打包成复合证券（金融衍生品），并被评级机构高评，然后在全球的范围内进行流通。

限制：（1）使用杠杆；（2）资本缓冲大小；（3）贷款和投资；（4）可以参与的市场类型。

当然了，影子银行需要某种认证标准，以便资金提供者说服自己，它们的债权和能够使用政府流动性安全网的银行的存款“一样好”。不过，这不是什么问题，那些接受影子银行家资助的评级机构时刻准备着提供这种认证。

与大型监管银行类似，主要的影子银行体系的失败可能会对经济产生不利影响。然而，与受监管银行不同的是，影子银行无法访问美联储资金和存款保险——缺乏这些资源对于崩溃的广度造成了重要的影响。

虽然与核心银行系统并行的影子银行系统表面上和核心银行是分离的，但暗地里却与它密切相关。受监管的机构实际上大量参与这些活动，无论是为自己的业务提供资金，还是向超出监管范围的影子银行提供信贷和流动性支持。例如，在崩溃之前，许多银行将发放贷款和将它们保存在账簿上转向出售贷款进行组合，这些投资组合可能具有，也可能不具有和银行将它们保存在账簿上相同的承销标准。

传统银行使用影子银行系统来转移商业银行资产负债表上的流动性风险和信用风险，将其转移到传统银行的监管和监管支持（安全网）之外。然而，正如我们将看到的，金融体系中的风险并没有消除。

影子银行应严格监管

场外交易市场（OTC）

当时，金融工具的交易发生在两种市场类型之一：受监管的交易所或不受监管的场外交易市场（OTC）。影子银行体系交易是在不受管制的场外交易中进行的，这点并不奇怪。当价值物品以参与者确定的价格购买和出售时，它被称为市场。如果每一方都能够快速和准确地估价正在交易的物品并且在合理的价位从不会缺少买方或卖方的话，那么市场就是最有效地在运行。在证券和衍生品的世界中，市场通过以下两种方式之一来组织：（1）交易所；（2）场外交易（OTC）。

交易所（场内）

交易所是进行买卖或“交易”的“地点”，交易出价和报价是集中的，这使得参与者在企图以公平公认的价格交流时更为容易。当双方达成协议时，交易执行的价格随后在整个市场上传达。

交易所流动性不强，因为他们通常指定某些重要的参与者作为“市场承销商”，这些人被要求总是能够做到公开报价买卖。此外，所有交易均由交易所保证，这消除了交易对手风险。

每个交易所都有管理交易和有关该交易的信息流的规则。另外，他们严格监控对适用证券法律的交易情况，并受到持续的监管。

场外交易（OTC）

场外交易市场是围绕一个或多个经销商的有组织的交易关系网络。和交易所不同的是，它不是很透明，投标、要价、报价和执行价格并非随时可供所有各方使用。有时，经销商会将价格信息发布在电子公告板上，但通常不能向终端客户提供，这使得他们很难准确地确定证券或衍生品的价值。此外，不同于提供对所有买家和卖家都有平等访问权的交易，对市场的访问权通常基于成员属性，例如他们的大小或信用评级。

场外交易市场对交易管理的指导方针有限，运行规则远少于交易所。虽然美国商品期货交易委员会（CFTC）和美国证券交易委员会（SEC）负责监督相对无风险的领域，但并没有什么法律规定对市场进行完全监管。因此，没有一个监管者了解市场规模、主要参与者及其风险。

场外交易市场一般是流动性的，场外市场做市商可随时提款，导致流动性紧张，破坏业务的有序交易。此外，交易只由买方和卖方双方确定，不像在交易所那样，买卖双方被匹配并得到担保。在市场动荡时期，非担保可能产生大量的系统性风险。

OTC 流动性来源——回购市场

影子银行体系从回购市场获得大部分流动性，短期（主要是隔夜）的抵押品在放贷人和借款人之间以协商利率交易。要了解回购如何就像银行业那样运作，并且了解为什么回购危机实际上是一个银行危机，那么，就有必要看看回购交易是如何进行的。

在场外交易市场运作的回购市场，买方和卖方双方同意交易。这给系统带来了额外的风险，对冻结信贷产生了很大的影响。我来解释一下。

谁是放贷人？回购市场中的放贷人一般是机构投资者和大公司，他们需要一个安全的地方安置大量的流动资金，使他们能够随时获得这些资金，他们支付高于传统监管银行提供的利率，为他们节省管理自己现金的费用和麻烦。

谁是借款人？借款人通常是投资银行和经纪人－经销商公司，他们需要资金来资助各种活动，其中一些风险相当大。因此，贷款人向他们收取更高的利率，这也反映了更高的风险水平。

回购市场与传统银行系统有很多相似之处，一些客户将存款“借给”

银行，而其他客户则从该机构借款，借款金额由抵押品抵押。回购交易为贷款人提供了更高的回报率，同时提供了随时提取其资金的便捷和通常与联邦保险银行存款的安全水平没有太大不同的安全水平。贷款人需要借款人的抵押品，以防他无法及时偿还贷款。贷款人最希望的担保类型是美国国库券[①]（UST），因为它们流动性高、具有稳定的价格，并且在借款人违约的情况下可以很容易地出售。

中日两国是美国国债最大持有者

由于技术的进步和华尔街对收入的不断渴望，市场在 20 世纪 80 年代迅速发展和成长。这种成长促使一些经济学家建议，覆盖市场交易的现行法律需要改变为包括场外交易。这种举动让大型金融机构很担忧，因为他们那些盈利丰厚的场外交易工具的交易，将由监管机构监督并转移到常规交易所。

每次规定会降低华尔街收入的情况出现后，总会如此收场：银行游说国会和美国商品期货交易委员会，他们从而确定市场不会面临额外的要求。

之后，由于金融机构希望避免上述讨论的限制，基本上不受监管的场外交易增长更快了。

① 美国国库券，美国财政部通过公债局发行的政府债券，又称美国国债，分为短期债券、中期债券和长期债券。据彭博报道，2017 年 5 月份，中国连续四个月增持美国国债，总量达 1.1 万亿美元，日本总持有量达到 1.11 万亿美元。

场外交易相关损失出现

在 20 世纪 90 年代中期，市场受到了一系列巨大的损失和丑闻的冲击，都与场外交易有关。1994 年，一家领先的消费品公司——宝洁公司上报了非金融公司过去最大的场外交易衍生品损失。损失是由其对方银行信托提供的虚假和误导性信息造成的。在 1994 年年末，加利福尼亚州奥兰治县宣布它已经亏损了 15 亿美元的场外衍生品。该县申请了破产，这是美国历史上最大的市政府破产案。1996 年，日本住友公司（SC）在铜衍生品方面损失了 2.6 亿美元。

作为回应，美国总会计办公室（GAO）发布了一份报告，指出大型经销商场外衍生品交易存在重大风险。报告的结论是："这些大型交易商中的任何一个的突然失败或突然退出都可能导致市场的流动性问题，并可能对其他人构成风险，包括联邦保险银行和整个金融系统。"

国会随后举行了场外衍生品市场的听证会，在场外衍生品经销商和美联储主席格林斯潘的强烈反对游说中，监管立法的采用再次失败。与往常一样，主席强烈地认为，监管通常限制了市场的成功。

弱抵押品进入回购市场

回购市场的增长导致市场对美国国库券的需求增加。然而，回购市场参与者不是唯一需要美国国库券的人。它们也被用作衍生市场和结算系统的抵押品。此外，许多外国政府，特别是中国等发展中国家的中央银行，需要美国国库券，因为它们安全、流动性高。

与货物和服务市场不同，对美国国库券更高的需求不会激励更多的证券发行。发行的证券供应是由政府借款的规模决定的，这是财政政策的直接后果。预算短缺越大，对货币需求越大，美国国库券发行就越多。

美国政府在1990—2000年年初减少财政赤字的决定，导致可用于回购交易的政府债券短缺。

鉴于回购市场的增长和政府债券的相对稀缺，使用抵押支持证券作为回购市场的抵押品增加。由于使用基于模型的估计违约率的统计模型对抵押支持证券进行定价和提供信用评级，抵押支持证券抵押品的风险被认为是最小的。

当然，模型的输出主要取决于输入的数据——你的结论有多好取决于你的数据有多好。预计的抵押支持证券违约率是根据房地产价格普遍上涨期间收集的数据，在这期间投资者预计房价将继续上涨。

资本市场的危机

场外衍生品市场的疯狂

“我多次向议员介绍了我对不受监管的场外交易市场广泛而深远的风险的担忧。让我感到惊讶的是，我们的监管制度并没有去减轻风险。此外，场外交易仍然对美国和世界市场构成重大持续的风险。出于监管对自由市场的效率以及大型金融机构的满足的影响的担忧，其他监管机构（美联储、美国财政部和美国证券交易委员会）并没有很好地接受我的建议。场外交易市场的风险再次抬头，我今天在这里讨论大型对冲基金长期资本管理的几近崩溃。它的失败可能对全球市场是灾难性的，因此，为了阻止一个严重的系统问题，美联储该介入了。”

布鲁克斯利·伯恩表达了上述担忧。在监管机构对伯恩发表了负面声明的几个月后，纽约联邦储备银行被迫对长期资本管理公司进行了高达3.6亿美元的资本重组以防止其崩溃。长期资本管理公司已经积累了超过1万亿美元名义金额的场外衍生品和超过100亿美元的证券，而它只有50亿美元的资本，对所有的这一切其对手方或任何联邦监管机构都毫无了解。由于及时介入，险些酿成的一场大灾难，就这样被避免了。

对布鲁克斯利·伯恩来说，这真是个好时机！如果她的大部分建议已经实施的话，长期资本管理公司就会远不如预料中那么重要，更不会像后来那样成为一个几近灾难的事件。当然，你会认为格林斯潘先生和他的同事现在看到了关于更加审慎地理解和监管场外衍生品市场的迫切需要。是吗？

错啦。令人难以置信的是，格林斯潘继续支持衍生品，并主张放松管制的场外交易市场和交易所交易市场。仅仅几个星期后，国会就通过了暂停令，禁止伯恩和美国商品期货交易委员会从事“任何关于场外交易衍生品”的进一步研究工作。

1998年，伯恩因失望而辞职。随着这枚“眼中钉”的消失，2000年美联储主席通过国会推动了《商品期货现代化法案》（CFMA）。该法案实质上进一步放松了对整个场外衍生品市场的监管，即最小化监管。

场外衍生品市场进一步蓬勃发展。其快速增长的一个主要原因是，管制金融机构对冲其场外交易产品的风险面临较低的资本要求。对监管机构而言，套期风险意味着降低风险和相关资本要求。

八卦先生

1998年10月的一个呼啸的周五晚上，我即将结束疲惫的一周，当时一个想法在我脑海闪现——何不在回家路上去看场电影？虽然我是好莱坞最不常见的观众，但此刻这个想法听上去特别诱人，我想象着自己放松地躺在舒适的椅子上，享受有趣的大屏幕节目和一顿热爆米花和冰冻可乐的晚餐。

这幅画面可能是早晨在咖啡间时播种到我的脑海里的。在等候咖啡的时候，我听到我的秘书和一个经济师在讨论他们家人对《世界末日》

（1998年全球票房冠军）的热爱，我对此片虽听说过但了解不多。谁知道呢！我想，在完成了整整一周高强度的工作之后，可能是上帝的安排让我听到了他俩的聊天，因为这部电影是为观众量身定制的绝佳的放松好片。

哦——不是这样。我离开办公室，找到我的个人电影顾问，他是一个和我做了8年的同事，一个十足的电影迷，而且很了解我的个人口味。我还没把《世界末日》这几个字说完，他就开始嘲笑并咆哮道“绝对不要去看”。他描述这部电影的剧情是一个关于行星撞击地球的倒计时，一个被称为“穿山甲”的骄傲又似乎很聪明的团体，试图防止这场灾难的发生。事实上，我对根据虚构的事件或人物展开的故事情节颇为不屑，“穿山甲”把从天空落下的岩石拯救下来可以归入这一类。因为我的个人电影顾问先生建议我不要去看，我幻想在影院享受电影放松的念头刚刚冒出来就被掐灭了。

我回到杂乱的办公室，把周末阅读材料塞满了我的公文包。在我给办公桌上锁的时候，我注意到我的语音信箱的灯在闪烁——显然，在我向电影顾问询问建议的时候错过了一个电话。我想，也许上帝正置身闪烁的红灯背后。可能这是第二次机会！说不定这条我不想去听的信息会带给我想要的宁静呢。

“嘿，我是克里斯，想跟你聊聊近况。我刚刚被添加到一个团队，这个团队正在写一个关于自高自大的美联储主席格林斯潘为了他那些华尔街朋友的利益忽视对冲基金长期资本管理公司风险的故事。我要和他派出来对付深挖这个新闻的人的恶犬斗智斗勇了。好了，回头再说。”

根本不是什么能带给我宁静的信息。这是个八卦先生，我的一个熟人，他是一家主要报纸的专栏作家，会不定期打电话来给我一些消息更新或是华尔街八卦什么的。

你可能会想，来电的人说他叫克里斯，为什么我叫他八卦先生呢？让我用一个突出美联储不佳的领导技能的故事来给你解释吧。

早在1996年秋天，我的老板羞怯地问我是否会参加即将举行的题为“21世纪金融劳动力（种族）多样性的重要性”的研讨会。我猜测，我的出席会提高他的绩效评级，因为高级管理层已经被指示做出我称之为“迷雾幻境”的多样性指标（可能看起来不错但却没啥意义的测量）。因为据传，国会将要询问美联储在包容性上做的努力。具有讽刺意味的是，美联储在这方面的表现令人尴尬，可能和国会半斤八两，而且这两方在这方面的努力似乎都只比3K党（美国种族主义代表性组织）好一点。

他的不适，是由于我对中央银行改善文化多样性的努力的不满。多年来，高级别的白人领导人试图通过实施他们的误导战略来解决这个问题。我强烈地认为，这个“白人解决问题的战略”方法需要被一个开放式的倡议所取代，即为我们的高级领导团队添加有才华的种族多样性的人才，并指示他们实施所需的变革，创造一个涉及所有员工并赋予他们权力的持续性文化。不管怎样，我同意参加会议，其实我挺喜欢我的老板，当然还喜欢他发的年终奖金，同时我对这个话题也确实有着浓厚的兴趣，并预期能够与其他浪费时间在这个99美元会议上的专业人士建立人际关系。

几个星期后，我在天寒地冻的曼哈顿街头，乘坐A线地铁到时代广场，走了几个街区来到主持会议的酒店。列车由于乘客医疗紧急情况而延误，导致我到的时候研讨会已经开始了。房间里几乎没有空位了，我最终挤进第三排的一个完全不可能让伸直腿的座位。

在第一次茶歇的休息室里，演讲期间坐在我左边的占据了我大部分伸腿空间的家伙过来跟我搭话。他头发凌乱，看上去足足有1.9米高。这位二十八九岁的《华尔街日报》的新记者向我展示了他适合一所精英侦探机构的探险天性以及对业界八卦首屈一指的热爱。我们在研讨会的茶歇期间聊个不停，这样几天后我们交换了名片，成为了好朋友。

为了能继续把这个故事说完，我不得不承认我有几个怪癖。我的一个不寻常的怪癖，就是喜欢给我的许多朋友起绰号，以此强调他们独特的属性。例如，我有一个在哈佛只用了三年就获得博士学位的前同事，她还曾在高盛工作过，我叫她“大脑”。另外，我还给我的一个分析师起了“牛仔”这个绰号，因为他经常不经过仔细思考就开口说话。在美国，我们称之为“从髋部射击”。一百年前，西部牛仔把枪挂在皮带上，这个短语是指，一个人把枪从枪壳里面取出来还没有拿起来瞄准，就马上开枪。

在从研讨会到地铁的五分钟步行期间，我决定了我的新记者朋友的标签将是“八卦先生”。这个绰号最后证实非常贴切，因为他常常在下班后给我来电话，和我分享一个绯闻故事，或是有趣的任务，有时候还想从我这儿挖点什么机密，当然他从未成功过。

资本市场的危机失控

2006 年年底，一个未被纳入评级机构的数据被输入后，情况发生了变化。本来投资者预计房价将上涨，但与预期相反，价格开始回落，并持续下滑。这是布鲁克斯利 • 伯恩所担忧的一大重要的震荡。

与抵押支持证券绑定抵押的回购业务的放贷人，开始担心潜在的损失。这是因为他们的抵押品可能被低估抵押借款人违约率的错误模型高估了。当美国的房价连续四个月下跌时，他们的恐惧也急剧上升到了接近恐慌的程度。

回购贷款人的担忧在 2007 年夏季得到巩固。首先，由贝尔斯登赞助的两家对次级抵押贷款进行了大量投资的对冲基金申请破产。然后法国巴黎银行暂停从三家货币市场共同基金中提取次级抵押贷款。

回购市场冻结了。放贷人不能将风险较高的衍生产品告知贷款机构，受监管的金融机构无法填补影子银行在为经济提供信贷方面发挥的作用。鉴于影子银行体系市场的规模（超过受规管金融市场的一半）最初的恐慌变成了系统性的银行危机。

场外交易市场在金融危机的波动和动荡期间没有展示弹性。在危机期间造成系统性破坏的每一种证券和衍生品类型都是通过场外交易进行交易的。鉴于您对不同市场类型的了解，您可能会猜到发生了什么：

• 无法估值场外交易工具——没有流动和有序的市场，就不会有价格发现过程，反过来就没有容易和确定的方式来评估证券。价格发现过程的失败加剧了最近危机期间银行和其他金融公司的问题，因为满足其证券和衍生品头寸价值的披露和报告要求更难了。不仅没有有效的直接市场价格，而且通常也没有基准价格（资产价格与被估价的价格相似）。因此，曾经以市场价格估值的资产和头寸现在通过有时未充分了解基准价格的模型来估值。这些估值问题进一步压低了受影响的证券的价格。

• 被抽干了的场外交易流动性——经销商面临资产负债表融资方面的紧缩，另外持有过多流动性不足的资产，最终导致退出市场。波动的跳跃使得经销商继续营销变得特别危险和昂贵。没有经销商，就没有交易，特别是如抵押债务、某些市政证券和信用衍生工具等证券。没有买家，投资者不能通过交易跌价的头寸来减少亏损，他们不能卖出这些头寸来满足更多利润，或抵借购买这些工具的贷款抵押品。场外交易市场的这种流动性不足，造成了金融危机的影响如此深广。

监管机构去哪儿了

在美国，很长一个时期监管机构都没有完全了解大规模的影子银行系统及其系统性的影响（以及较小程度在海外的影响）。我怀疑美联储选择不深入挖掘和了解，是因为格林斯潘主席担心这将干扰他的自由市场偏好。因此，他们没有采取任何行动来解决我们的银行和整个金融体系所面临的脆弱。

特别是，美联储未能看到房价泡沫、次级抵押贷款市场、抵押担保证券市场和影子银行体系之间的联系。他们从来没有理解这些市场是如何交织在一起的。因此，他们大大低估了房价下跌将影响整个经济的程度。

直到2007年夏天，美联储才开始注意到抵押市场和金融市场的运作之间的联系，而即使是那样，也没有人预期坏的抵押贷款产生的问题会导致经济陷入全面的崩溃。然而，一切都太迟了。

如果对影子银行体系进行分析并彻底了解它，他们就会知道其快速增长、规模以及它所创建的关键漏洞，他们就会意识到在其受监管实体之外存在的大量信贷中介，以及震惊了全球市场的影子银行体系与受监管的金融机构之间的重要联系。

如果他们是业界的顶尖人才，他们就会针对在双重金融系统中由市场参与者造成的流动性缺口制定计划。美联储的紧急贷款有助于防止系统性重要机构的无序失败，以及这种失败可能造成的所有更广泛的损害，但这是一个迟钝凌乱的解决方案，在没有更好的替代品的情况下被当作一个止损措施。

美联储未能及时发出警报。否则，崩溃将会大大削弱。

完全自由市场就到这儿吧，它是有缺陷的。

懒惰的美国，过分依赖评级机构

我的邻居迈克尔最近给我们的大楼前台留下了一张纸条，问我是否愿意和他见面讨论一下他的事业。他没有我的电话号码，因为他是我的妻子和我居住的公寓大楼的一个新居民。我们在几个星期前的大楼季度“迎接新居民”活动上说过几句话。我按照他留下的号码打回去，同意第二天晚上在大楼的会客室见面。

他正在寻找像我这样的金融业内幕人士给予他一些职业建议。说着说着，迈克尔的脸色变得微微发红，他告诉我他很吃惊，他的常春藤盟校教育背景和父亲的金融行业经历并没能帮助他找到一份华尔街的工作。经过 8 个月的搜索和近 25 次面试，他仍然处于失业状态。

因为过去这些年许多人向我提供过职业建议，所以我也非常乐意给别人提供我的职业建议。只是，得有一个前提——我必须首先得到一个强烈的感觉，即这个人是努力工作和谦卑的。我几乎总是可以在谈话的早期就确定这一点，如果咨询者不符合我的条件，我通常会提供一些一般性的指导——如“跟随内心，做你所爱做的”，然后早早结束谈话。

为什么是努力工作和谦卑这两点？虽然我不是一个训练有素的心理分析师，但我觉得这个要求是由我的个人成长经验驱动的。我在费城东北部肮脏、高犯罪率的贫民窟长大，我的单身母亲经常跟我谈到考上一个好大学找到一份好工作的重要性，这样我就可以摆脱悲惨的环境了。我梦想有朝一日实现母亲对我的期望，得到一份好工作，不仅让我也让我深爱的母亲摆脱贫困。我的想法对于一个挤廉租屋的孩子来说是一个不寻常的挑战，因为大多数在这样的环境中长大的孩子连高中毕业都做不到。而我最终实现了我的目标，对的你猜到了——通过努力工作和谦卑。事实上，我偶尔会特意开车经过以前的住所，来提醒自己这两个品质对一个人生活的重要性。

迈克尔很不幸没有通过我的“测试”。我给他提供了一些一般的指导，并提早结束了我们的会谈。我恨不得能早点出去！一开始，他吹嘘生活在超大的豪华顶层住所的乐趣，那是他的父母送给他从常春藤联盟毕业的礼物。后来，当他开始炫耀他的 GPA[①] 4.0 的成绩时，我快听不下去了。学术上看上去很优秀，但他在简历上列出的唯一的课外活动是参加学校的马球俱乐部。导致我忍无可忍缩短谈话时间的最后一根稻草，是迈克尔开始抱怨他老爸没能“动用关系”让他受聘于投资银行。我这是在做梦吗？我真的是听到了这个穿着考究的年轻人，发泄对刚抛掷了几百万美元为他买下豪宅的父亲的不满吗？

---

① GPA 是指平均学分绩点(Grade Point Average)。标准 GPA4.0 对应 90-100 分，属于优等成绩。

我不是过于苛刻，但迈克尔似乎是一个被宠坏了的有钱公子哥儿，他唯一的辛勤工作，就是儿时无聊地数别人塞进他储蓄罐里面值一百美元的钞票。作为常春藤联盟的毕业生，我可以放心地说，如果你几乎都不从事课外活动，也不做任何慈善志愿者，4.0 的成绩并不是一个不可思议的壮举。此外，我对他在马球俱乐部的经验也没什么好印象。一个普通美国人最接近马球运动的经验恐怕就是在他们的冒牌球衣上绣着的和马球有关的字符。顺便说一句，当我还是一个孩子的时候，我只看到过警察骑马，从没见过穿着花花绿绿的有钱人骑马。最后再批判一句，背靠有钱的爸妈在豪宅里享福的生活方式并没有什么值得炫耀。

美国人的生活往往是幻想和懒惰的混合体。他们有过繁荣的生活方式的远大梦想，但又不愿意通过努力去实现。在投资领域，他们渴望获得非常高的回报，但不愿花时间去了解他们投资的公司和工具的表现。当然，成功人士知道，实现宏伟的梦想有时涉及一点运气，但从来不包括懒惰。

评级机构在许多方面促进了投资者的懒惰。

评级机构——“梦想成真”的行业

诞生于 20 世纪 30 年代的大萧条之后的评级机构得到了投资界的充分理解和支持。每个人都喜欢有这样一个公司，努力做他们的工作，从而大大减轻自己的负担，通常还免费或收取非常低的费用。不是吗？让我来解释一下。

既然有了评级机构，几乎就没有必要了解财务和会计概念，以确定潜在投资的质量和监测投资组合的表现了。最高评级 AAA 的证券因为风险非常低，所以永远值得考虑购买。此外，降级了的证券可能是一些人采取行动的信号——修改他们的投资组合以减少持有该证券。听上去非常有帮助，同意吗？

评级还用于快速量化并限制代理委托人承担的风险金额。因此，如果投资者想要一个非常低风险的投资组合，他或他的经纪人只会购买高度评级的工具。相反，那些想要更大回报的人，会购买较低评级、风险更高的证券。听上去真是超级简单——你爱这个想法，对吧？

但等等，这些伟大机构的好处不仅仅只有这些！美国金融监管机构的工作量也减少了，因为他们重视依靠评级来衡量受监管实体持有的资产的风险。为此，各评级机构对某一机构每年从其监管机构收到的总体健康等级有着重大的影响。

金融市场与信贷评级有着千丝万缕的联系，因为一家企业要吸引投资者就必须让他们知道自己资金的安全性。因此金融机构想办法让投资者更容易地知道这一点！哇，这些评级机构真是梦幻般的存在，温柔地减轻人类的负担啊？

优秀的公司应该享受到公共政策将业务带给他们的好处，是吗？追溯到大萧条，一个又一个监管迫使华尔街投资者和银行家寻求对他们的投资的高信用评级。今天，许多不同市场的法规要求某些投资者获得高信用评级。1940 年的“投资公司法”要求货币市场共同基金（投资短期债务证券）只购买被评为信用度最高的两个级别的债券。

美联储允许银行持有较少的资本（手头持有的现金），如果它是用来覆盖高评级证券。帮助资助联邦高速公路的公路债券，也受到信用评级的影响，即使是危机前的衍生品市场也依赖信用评级来吸引投资者。

评级机构似乎是“梦想成真”行业的一部分——几乎所有美国投资人都支持这一行业。

评级机构的问题

2001 年年底的某个星期一清晨，我准备为即将到来的忙碌的一周好好充电。我睡得正香，突然被床头棕色桌子上的电话惊醒。唉，这个时候的来电通常不是什么好事儿。我接起了电话，那是我的一个老同学。他听上去有点醉醺醺的，可能是酒精和即将发生的不寻常的职业生涯变动在作怪——他即将离开高薪的投资银行工作，去一个低薪的评级机构任高级职位。

“嗯，我即将上任的这个岗位是没啥实际意义，但我会因此减少70%的工作时间。虽然薪水简直是一个笑话，但在投资银行工作了7年后，谁还他妈的在乎钱？而且，我将有大把的时间和妻儿在一起，我妻子会非常高兴的。”在一段漫长的停顿后，他静静地继续说，“我要去标准普尔工作了。”

作为他的家人以外唯一知道和支持他通过三次康复来击败可卡因瘾的华尔街朋友，我现在比在大学时候更了解他。我对他嘟嘟囔囔的解释是，他的婚姻快要触礁了，他决定做出一个糟糕的职业生涯转换来拯救他的婚姻。我知道我的支持对他很重要，所以我在回去继续睡觉之前非常认真地表达了我的支持。

大约两年后，我们在我俩最喜欢的华尔街酒吧小聚喝酒。那是2003年年底一个下着雪的寒冷星期四晚上。我们在一个面向街道的窗户旁边的一个圆形棕色桌边坐下，他告诉我他的婚姻有所改善。随着夜幕降临，人群变得异常拥挤吵闹，可能是由于罕见的大雪吧，也可能是烈酒的作用，音乐越来越响，铲雪车轰轰驶过。在这样的分贝下，几乎不可能再继续我们的聊天了。既然如此，我们决定再多点几杯啤酒，坐着看看热闹。就这样，几杯啤酒变成了四扎啤酒。

可能是酒精开始发挥作用，我们最终通过对彼此大喊的方式重新开始了我们的聊天。经过20分钟的尖叫闲聊，我开始要失声了，我决定问他一直盘旋在我心里的问题——他在标准普尔做得怎样？啊，我知道我问了一个烫手的问题，都怪酒精。他毫不犹豫地大声描绘了一幅非常暗淡的画面。

“这是我工作过的最无知和最贪婪的地方。我们所谓的数量分析专家——也就是普通高中学生的数学水平，他们使用由最好时期的信息组成的疯狂的数据组，这样我们的模型就给出过高的评级！如果这些超高的评级对于我们那些掉钱眼儿里的高层来说还不够好，他们就乱编评级来满足他们的收入目标。他们尽可能地用不包含风险大的时期的无意义的数据支持疯狂的评级，这些数据令人混淆，但却满足了我们的蠢驴审计师。我们有时候给抵押支持证券评级，甚至都不检查基础抵押贷款池中借款人的质量，因为我们搞不明白复杂的工具。而且，哦，这还没完。大多数大客户已经找出我们的模型规律了，并相应地修改他们拿给我们的产品。当然，所有这些疯狂之所以会发生，是因为行业没有监督——这可是多亏了你那自由市场的老板（美联储主席）。你可以说我在华尔街的工作最终都是由可怜的老百姓来买单的。好了，你觉得我回答了你的问题吗？”

我们都知道他在寻求改善工作与生活平衡和挽救婚姻时所踏入的环境的负面性。这在华尔街不是什么秘密，银行家在选择评级机构的时候追求最好的评级，他们知道这些评级机构为了获得更多业务，松散地发出过度乐观的评级。当这些风声传到了政府的耳朵里，华尔街就用大量涨薪来聘用那些设计了这些魔法评级背后的公式的人，来结构化他们的产品，从而使得产品获得最高评级。这也被理解为持有首选金融行业工作的公司的啄食顺序：投资银行、美联储、大型全球银行、其他监管机构，以及最后但并非最不重要的评级机构。

不幸的是，就算酒吧里这100来个顾客以前不知道标准普尔的环境，但他们现在知道了。就在我那哥们儿扯着嗓子回答我的问题的时候，酒吧里神奇般地安静下来了，因为大家都因密切关注着酒吧的人造砖墙上悬挂的大屏幕上超级暴风雪的预报更新而暂停了交谈。

遗憾的是，我那喝得醉醺醺的朋友完全没有注意到那些等待暴风雪更新的顾客的突然沉寂。当他继续尖叫时，那些在华尔街工作的顾客们转过身去，边听边笑，还在他讲完的时候给了他一阵大声的欢呼。几秒钟前还引起大家密切关注的暴风雪突然对他们来说变得不重要了，当然是以我的老同学的牺牲为代价。对大多数人来说，他似乎是一个气呼呼的穷人，误入了一家国王聚集的酒吧。

我并不惊讶国王们步调一致的冷酷行为。对我来说，华尔街那帮人是彼此的大嘴追随者，在他们闪耀的足迹上留下一地丑陋的傲慢、道德麻木和贪婪的碎屑。

这与我在酒吧窗外看到的安静的落雪形成了鲜明的对比——每一片雪花都是独一无二的，它们以自己的美丽方式，自顾自地在空中飘舞，给所有人带来幸福的感觉。

稍等——好像几分钟前我刚和你讨论过评级机构奇妙的好处？你们中的一些人可能会这样想：我的朋友在工作中度过了非常糟糕的一天，再加上他的酒精消耗导致他说了一些不真实的话。所谓酒后吐真言，知道这场金融崩溃细节的人会知道，他那些醉酒的话是有价值的。

许多人其实都预料到了。明智的金融业人士认识到，几乎没有什么比当监管机构、国会和市场参与者对涉及华尔街利润的不受监管的概念有一个清晰和积极的印象更引起关注的了。这个概念通常建立在一个基础上，这个基础包含些许健康的风险问题，这些问题要么没有仔细考虑过要么以误导的方式被描述出来。

评级机构概念的基础包含许多矛盾的冲突，我的朋友谈到过一些，其中许多冲突助燃了金融危机。总之，这些包括：

• 缺乏人才——投资银行和大型银行非常清楚，评级机构吸引的人才比较低端，除了少数情况下，比如一个有才能的个人正在寻求从他目前的工作中喘口气，如我的老同学。机构缺乏人才与非常有限的监管结合在一起创造了一个定时炸弹。

• 由于涉及 MBS，他们的工作是查看证券池内的贷款，并确定一些贷款违约并导致投资者损失的可能性。然而，他们并不仔细查看每笔贷款，而是依赖于这样一个事实——在过去，借款人通常不会违约。这就好比是一位老师给你打出一个良好的测试成绩，不是真正看你的答案，而是因为你过去的测试表现都很好。如前所述，抵押贷款发起人对许多向证券商出售的贷款使用了放松的贷款标准，因此信用评级机构告诉投资者这些抵押支持证券是安全的，而事实上它们并不安全。他们给了许多其实相当于“三 F”（非常弱）的证券“三 A”级（非常强）的评级，这就与事实相背了。

• “发行人支付”模式 ——评级机构的工作是帮助投资者决定是否购买他们评级的证券。但是，这些机构是由那些只想赚钱卖证券的证券商支付款项的。显然，证券化的利益与投资者的利益相冲突。评级机构理应照顾投资者，但他们的钱却来自证券商。

• 评级机构长期以来一直认为，他们对维持声誉资本的重视将其评级决定与银行的不当影响隔离开来。事实并非是这样的。发行人付费业务模式损害了评估过程的客观性，由于银行会为了提高利润来搜索最佳评级，因此这种模式实际上鼓励了以评级为标准的选购。事实上，在危机前几年一个在穆迪（评级机构）工作的女同事曾经告诉我：“如果我们没有给出自由评级，我们的收入、股票价格和薪酬就会跳水——从职业角度来看，这可一点儿也不能让人宽慰！”所以，我的老同学会说，他的老板有时候会为了达到销售目标而凭空捏造评级。

• 心血来潮改变评级的能力——由于缺乏强大的监督和人才，评级机构往往脱离了他们的行动的大局结果。在住房市场开始崩溃之后好几个月里，评级机构持续对抵押贷款支持的证券给出最高评级，然后这些机构在 2007 年中期对金融系统发起了大量的降级。简直是精神错乱，我认为突然而大规模的评级调整是崩溃的主要触发器。

• 缺乏竞争——在崩溃之前，评级行业缺乏竞争。全球三家公司持有 99%的市场：美国公司标准普尔（S & P）、穆迪（Moody's Corp）

和英国公司惠誉评级（Fitch Ratings）。这限制了关于一家公司或其安全问题的意见数量，并降低了应用风险评估和商业模式的多样性。

• 倾向于很少的独立研究——正如我之前说的，美国人基本上是懒惰的。小规模的投资者、超大规模的投资者、监管机构或评级机构的工作人员，无一例外。如果他们再多做一点点的工作，他们就能够通过自己了解这些证券化中的不良贷款。但他们也贪婪，看到了他们可以利用高利率从这些证券上赚很多钱，所以他们没有提出太多的问题就买下了这些证券。

评级机构的诚信

在钱和诚信之间，评级机构选择了钱。如果他们不是在诚信行业（金融业）做事，还不至于那么糟糕。

助纣为虐，虽然这不是主要原因，但评级机构与金融危机的发生脱不了关系。对于他们如此糟糕地评级证券，并与投资银行、大型银行、对冲基金以及抵押贷款人合作，将近乎无价值的资产伪装作为高评级证券，这是得谴责的。

监管机构在哪里？

这些机构极大地简化了大银行监管机构的生活。美联储决定银行健全的一部分是其资产的质量。巨大的纽约银行业已经装载了以某种方式与抵押贷款挂钩的工具。他们主要依靠不称职的评级机构分配的评级，而不是深度研究证券来识别他们的风险。这样做容易多了，不需要配置资源，也不会对银行产生负面影响。

不管怎样，自成立以来，各机构从根本上是自我调节的。这些机构知道，尽管他们的盔甲有一些裂痕，除非发生灾难，否则他们不可能看到政府直接监督取代自律，至少在格林斯潘作为金融市场的“国王”时是这样的。

狐狸守卫鸡舍的同时，没有人在看狐狸。鸡舍高估了由成千上万甚至不能负担首付或证明其收入来源的人支持的证券。更糟糕的是，这些证券往往与在没有监督的风险市场中交易存在关联，其系统风险水平是又高又复杂的。

我们的监管者本应更清楚地知道，他们继续要求银行只报告其保存在他们的账簿上的贷款，而不是作为证券化出售的那些。他们并不了解工具的所有信用质量，但他们本应了解。

央行对于一般的按揭贷款发生了什么几乎一无所知。这暗示着他们缺乏所需的数据。然而，当时联邦存款保险公司（FDIC）的新主席希拉·贝尔手下的一位高级官员告诉我，上任后没几天，她就嗅到了抵押贷款市场上的一个重大问题，并指示她的工作人员获得必要的数据并研究抵押贷款。

当联邦存款保险公司收到数据时，他们简直不敢相信所看到的。

而美联储却相信他们所看到的——评级机构的评级。

联邦存款保险公司徽标

第三章　银行倒闭——糟透顶的危机管理

FEDERAL RESERVE

如果你想被认真对待，就要保持一致。

——朱伯特·博塔哈

危机前：我在私人抵押贷款部门

小企业占美国GDP的50%以上，许多美国人都很有创业精神，我也不例外。从我童年时代兜售在费城街头发现的轮毂盖，到在本地轮胎经销商那儿打工，再到我的大学时代辅导低年级学生学经济学、金融学和数学，这种强烈的驱策一直都在。在我打开有关主题的教科书之前，我对供应、需求和营销的基本知识已经有了很好的了解。

我在美联储的工作时光进一步加深了我创业的愿望，我想象着这样一幅画面：不再为相对可怜的薪水被不懂管理的老板使唤做这做那，不用再忍受往往不把我的想法当回事儿的自大任性的领导。但是，我非常忠于中央银行，总是找不到适当的时间离开。似乎我始终处于一个接一个的艰巨任务中，要么是一个大型项目，要么是参与缓解危机。如果我的离开会导致正在进行的项目质量降低，我会觉得无法心安理得地离开一个我很自豪为之工作的组织。

在2000年，改变来临了。我刚刚完成了领导美联储风险管理千年虫计划的准备工作——一个详尽而耗时耗力的多年期项目，并正在考虑组织中提供的各种有重要领导角色的机会。然而，我的直觉是在表现出色的时候离开美联储，开始自己的业务。

由于我的成长背景，我一般都跟随着我的直觉。善良美好的母亲为我的成长打下了坚实的基础。她话语不多，但只要一开口，往往都是金玉良言——我记忆中那天生大嗓门的费城口音。事实上，在我被授予本科学位后的一个闷热而拥挤不堪的学校体育场上，她拥抱着我在我耳边嚷叫的唯一一句话就是——“脚踏实地，听从你的直觉”。

因此，为了避免任何利益冲突的出现，我在2000年年初离开美联储，开始考虑商业选择。

正如本书其他地方讨论的那样，20世纪90年代中期，住宅贷款行业主要转向了“发起-分销”模式（又译“贷款后证券化”，简称OTD模式）——这意味着在机构向借款人发放抵押贷款后不久，该贷款被卖给另一家公司，最终被证券化并被切割成为华尔街出售的证券的一部分。因为我们刚经历了互联网泡沫经济衰退，我正确地预计美联储主席很有可能在很长一段时间将利率维持在较低水平，证券化市场将再次蓬勃发展。我认为我可以在这个市场找到一个我所熟知并可以增加价值的商机。

我读过一篇关于美国人——特别是少数族裔——由于不信任银行家而无法购买房屋人数的文章。相对低风险的个人（既包括上一章节提到的这些人还包括一些超出银行批准规定刚好一点点的人）无法获得抵押贷款的现象启发了我的创业计划：为什么卖房的卖家不能通过“私人抵押贷款”给买家钱，而买方就像把付款付给银行一样付给卖家呢？当然，大多数卖家都希望自己立即收到现金，而不是在20多年里陆陆续续收到小额支付。

所以，我开设了一家公司，从积极的卖家那里购买了按其面值有略微折扣的私人抵押贷款，并立即转售给了华尔街。

从个人满意度和财务角度来看，这是一个很好的想法。在公司成立的第一年，我赚到的钱比过去十年在美联储赚到的更多，而且我喜欢这份工作——私营部门与美联储有很大的不同，我正在学习着这一切！虽然我升级了座驾，但我保持母亲教诲的“脚踏实地”，依然住在同一个公寓，孝敬我的母亲，并大大增加了我对穷人的捐款。

然而，随着后来几年的发展，美联储的利率维持在低位、房价上涨、抵押贷款业务的竞争压力等使抵押贷款业大幅放宽了审批标准。几乎任何人都可以在买房时获得100%的融资，我的业务大幅下降。

这段创业的经验让我对贷款领域了解了很多，由于缺乏或松懈的监管和贪婪，这个领域充满了欺诈。大多数人认为，抵押贷款诈骗就是买家虚报他们的收入或放贷人放出大量投资给可能无力负担的个人（他们不在乎借贷人可能无法负担，因为他们会立即把新的抵押贷款卖掉），这些都没错儿。然而，有相当多的欺诈性评估师，会收取额外的费用，然后很大程度上夸大一个作为贷款的抵押品的房屋的价值。这个情况非常糟糕，从很早起，我就让我的个人评估师去检验房屋，确认在卖方提供给我的评估中指出的价值不是虚假的，而我的评估员有好几次在物业地址找到根本没有房屋的空地。

情况很快失控了。贷款发起者、购房者、评估师和华尔街都疯了——他们集体陷入了对金钱的贪婪而无法自拔。许多公共贷款人沉迷于他们不断增长的收入，而他们的买家则对过着和收入完全不相称的生活上了瘾。在以上各个类别中，我都能找到几个朋友。看到以前道德高尚的人现在却被金钱控制而堕落，真让人难过。

在抵押贷款业如此疯狂的情况下，我的业务枯竭了。于是，我关闭了公司，并在2005年回到了美联储。我在私营部门的时光是一个很好的经历，我非常感谢有机会离开美联储，经营自己的业务，然后再回到中央银行。

带着对抵押贷款市场普遍存在的问题的深刻理解——当房地产市场

冷却时很可能导致该行业出现问题，我重新加入了美联储。我认为，衰退效应可能是过度建设、价格平缓或下降、实际利率上调、贷款的减少或抵押贷款违约的一些组合。

定时炸弹正在等待爆炸（2008年危机），这一点我在美联储认识的每个人都知道。嗯，可能除了在格林斯潘主席高压领导下的包括伯南克理事在内的联邦公开市场委员会（FOMC）以外的每个人吧。包括我在内的大部分人并不认为放缓会成为经济整体增长的主要因素，因为房屋毕竟只是其中的一小部分。

危机事件和政策制定者在危机过程中的行动已在其他地方有详细介绍。接下来这部分将带你了解美国的危机管理，看看拯救贝尔斯登却让雷曼兄弟控股公司破产的不一致的决策，以及这些决策如何加深和延长了金融危机。

别忘了，在雷曼兄弟倒下后，许多公司都接受了救援，包括但不限于房地美、房利美、华盛顿互惠银行、美联银行、花旗集团，AIG以及汽车行业的大部分。这些救援以及许多美联储的计划费用约在12万亿美元的范围内。

三重彩：美国的危机管理

天下难事，必作于易。天下大事，必作于细。

——老子

在2008年金融危机爆发前，成立了一个由三名成员组成的小组，监测比预期更大的对经济的影响，并准备在需要时及时做出回应。成员包括美联储主席伯南克、财政部部长保尔森和纽约联储主席盖特纳。我把这个小组称为“三重彩”，中国称为“三架马车”，这是一个非常困难的赛马投注组合，你可以选择第一名、第二名或第三名选手。

我在第一章里，对他们每个人都写了一番看法，这些看法并不仅仅是我个人的看法。有效管理难以置信的复杂危机需要一点儿魔法。我想，作为一个经验丰富的管理人员，我知道一个团队中如果各成员正确地平衡彼此的优势和劣势，就会产生魔法，但也不要太过指望魔法会发生。

下面，看看这"三重彩"在危机中扮演了什么角色吧。

危机：悄然升温

我当时正在关注住房的相关数据，但并没有花费很长的时间这些数据就开始涌现了。我记得在 2005 年 8 月阅读了新的家庭建设报告，似乎建筑物已经达到顶峰并正在萎缩。房屋价格也大约在一年后的 2006 年年中出现了相似的情况。然后，我注意到 2006 年晚些时候抵押贷款拖欠的上升。

这告诉我，房屋所有权达到了非自然的高点。对于一些人来说，租房是更好的选择——特别是当房价相对于租金飙升时。新房销售倒塌，整体房价开始下跌。

住房部门并不是经历了一场衰退，而是陷入了一场大萧条。虽然经济有所放缓，但并没有爆发，因为尽管住房部门的重要性有所增加，但该行业仍然占国内生产总值的一小部分（6%）。鉴于这个市场规模，我做了一些计算，证明中央银行可以通过正常的货币政策工具轻松管理放缓，以抵消轻微的经济下滑。

从 2007 年开始，发生了一系列事件，指向了崩溃的更广泛的影响。我在这里的意图不是要详细地讨论 2007 年的情况，因为这在很多其他地方已经被屡次提到过。我的目标是想给一些人提供——或给另一些人提个醒——我们对美联储处理的各种棘手问题的高级别的总结。每一个棘手的问题都是令人担忧的，但它们加在一起就是令人震惊的。

作为美联储信用风险管理和扩展领域的负责人，我和我的员工一起经历了这一切。典型的“崩溃”工作周包括六个满18小时工作的日子。早晨五点半左右，豪华轿车将我从我的住所接去办公室，并将在午夜将我送到家。我和司机很快熟络起来，我很享受我们的许多对话，但并不是全部。他经常会给我一些他的同事因为经济不景气而被裁员了多少的更新，我可以听到他声音里的担心，我会在他说话的时候盯着他的后视镜看他的眼睛。每当他和我说又有人被裁员的时候，我总会感到胃里一阵发紧，因为我知道——但他不知道，事情可能会变得更糟。

我的员工们经常疯狂地加班，他们掏出了全部奉献给了工作——我会永远感激他们。我们团队的合作精神非常好，我们意识到我们正在做的事情的重要性——这些事件将永远被写进全球的经济学书籍中。我们希望故事有个好的结局——很遗憾没有。

这些主要事件包括：

•2007年1月：

世界上最大银行之一的汇丰银行持有的次贷相关抵押证券下跌了105亿美元，是首个与次贷相关的主要亏损。

•2007年2月：

联邦住房贷款抵押公司（房地美）宣布将不再购买风险次级抵押贷款和抵押相关证券。

•2007年4月：

美国第二大次贷抵押贷款公司新世纪金融公司破产。到月底的时候，超过50家抵押贷款公司宣布破产。

•2007年6月：

华尔街精品投资银行贝尔斯登通知投资者，该公司暂停其高级结构性信贷策略增强杠杆基金的赎回。

•2007年7月：

全美最大的抵押贷款机构——全国金融公司警告说正面临“困难的情况”。贝尔斯登公司清算了两家投资于各类抵押担保证券的对冲基金。

•2007 年 8 月：

美国第十大房屋贷款公司美国房屋抵押贷款投资公司破产。法国最大的银行法国巴黎银行停止三笔投资基金的赎回。

•2007 年 12 月：

瑞士银行巨头瑞银披露，由于美国房地产市场暴露的危机，出现超过 180 亿美元的减记。

美国银行宣布将以约 40 亿美元的全部股票交易方式购买“全国金融公司”。

2007 年年底：

次级抵押贷款违约率已经上升至历史最高点，美国个人消费支出和民间就业人数呈下降趋势，此时美联储已经向金融系统输送了将近 1000 亿美元的储备金。

我们非常小心地不去暗示有一个问题正在酝酿中，但市场似乎感受到了这种氛围。主要利率之间的增长率——市场感知风险的衡量指标表明，市场参与者在 2007 年看到了麻烦。重要的是，3 个月的商业票据利率（短期借贷）与美国国债（长期借贷）之间的差距扩大了。

美联储的紧急借款权

林肯隧道是连接新泽西到纽约市的哈德逊河的几条通道之一。因为我住在新泽西州的哈德逊河附近，我已经数千次通过这条隧道进出纽约。拥塞的隧道内通常车流缓慢移动，事故有时会导致警方长时间关闭隧道。我很不喜欢这种时刻，因为令人作呕的燃料烟雾最终会渗进我的车辆中，同时对恐怖袭击的担忧盘旋在心中。

为了避免被这种情况囚禁，我会立刻深入思考一个不同的问题，通常能取得不错的成果。例如，在过去五年里，我起草了几篇专业期刊文章，并设计了一项战略游戏手机应用程序，后来在美国市场取得了温和的成功。

在 2006 年冬天的一个晚上，虽然车辆在隧道里面堵了近 30 分钟，但我完全沉浸在一个工作问题上。当时，我刚重新审阅了伯南克关于美联储对危机的潜在反应的文件，并意识到我对他所讨论到的美联储紧急“第 13（3）条”贷款权力了解很少——我可是美联储信用风险及延伸领域的主管啊！我立即进行挖掘，发现《联邦储备法》第 13（3）条规定，在面临“不寻常和紧急的情况”时，中央银行——美联储可能会向个人、伙伴关系和公司提供信贷。所以我转向另一个任务：弄清楚这究竟是什么意思，然而无济于事。

我好久才意识到，我的轿车司机在我的公寓楼前打转，等着我准备好下车。我关上笔记本电脑，和司机客气地道别，在公寓大厅里花了一点时间，快速地写了几行日志，后来被倒翻的咖啡模糊了。那段日志大概是以下的内容：

第 13（3）条 贷款权力

类似于有很好的理由相信在他所站着的房门内正发生重大犯罪的警察……

在进入之前，警官必须首先获得法官同意有显著威胁的搜查令……

但如果情况紧急他需要立即对重大犯罪行为作出反应，他 / 她可以合法进入，无需搜查令……

国会的作用……

下一个问题……

可能“问题”是指咖啡溢出之前的“纸巾”（英文单词中，“问题 -issue”和“纸巾 -tissue”拼写接近）。事后看来，这真是一个预兆啊！

贝尔斯登银行[①]

我认为，危机前对投资控股公司（IHC）的监管并不严格。贝尔斯登由纽约州和美国证券交易委员会监管，两者都是道德实体，但都没有权力处理一个复杂的投资控股公司。

五大投资银行[②] 中最小的贝尔斯登第一个遭受到信心丧失和流动性危机。贝尔斯登的经验在许多方面与雷曼兄弟随后发生的危机相似。

按揭贷款和证券化是贝尔斯登业务的重头。金融危机的早期里程碑是 2007 年 7 月由贝尔斯登赞助的两个对冲基金的失败。2007 年第四季度，贝尔斯登成为第一家报告季度亏损的大型投资银行。

市场参与者对公司失去了信心，导致评级机构发出警告、贝尔斯登股价下跌以及债务的信用违约互换（保单）价格上涨。这些发展在恶性循环中进一步降低了市场参与者对贝尔斯登的信心。

到 2008 年 3 月份，贝尔斯登的流动性[③] 从 500 亿美元下降到 20 亿美元。股价约为 60 美元，远低于一年前的 160 美元。

恳求帮助

在 2008 年 3 月 12 日星期三晚上，一名贝尔斯登人员在一同喝啤酒的时候告诉我，三重彩（伯南克、保尔森和盖特纳）可能会在第二天从贝尔斯登高管那里接到一个电话，通知他们星期五贝尔斯登将会因用尽现金而无法运作。她强调，公司将保持偿还能力。用外行的话说就是，

① 贝尔斯登银行（Bear Stearns Cos.），原华尔街第五大投资银行，成立于 1923 年，总部位于纽约，主营金融服务、投资银行、投资管理。在 2008 年的金融危机中，先是得到美联储救助，然后被摩根大通收购。
② 美国五大投资银行包括高盛、摩根士丹利、美林、雷曼兄弟和贝尔斯登，现仅剩下前两个。摩根士丹利（Morgan Stanley）俗称“大摩”，是一家总部位于纽约的国际投行和金融服务公司，提供包括证券、资产管理、企业重组和信用卡等多种金融服务。它原是 JP 摩根公司的一个投资部门，1935 年在纽约分拆成立，JP 摩根则转为纯商业银行。
③ 流动性是指资产能够以一个合理的价格顺利变现的能力。它表明了投资的时间尺度（卖出它所需时间）和价格尺度（与公平市场价格相比的折扣）之间的关系。

他们没有现金，但净值为正值（资产值 > 未偿还债务值）。这个宣布何等疯狂，就像我很明白一样，她也清楚地知道，贝尔斯登严重的流动性紧缩正在破坏其偿付能力。

贝尔斯登大门

第二天，官方电话接到了三重彩那儿，疯狂开始了。

三重彩在仔细审查之后，由于担心崩溃可能会导致已经压力重重的信贷市场的系统性破裂，领导小组决定协助贝尔斯登——至少暂时要帮一下忙。特别令人担忧的是，崩溃可能会导致贝尔斯登的贷款人将大量失败机构的抵押品倾倒入市场，进一步压低资产价格。如果发生这种情况，2 万亿美元的回购市场可能会冻结，这最终是全球许多大型机构的资金来源。

我不认为这个论据令人信服，因为我认为，如果投资银行绝对需要流动资金的话，投资银行的贷款人只能以大甩卖价格出售失败的机构的抵押品。此外，我觉得我们可能会高估对资产价格的影响，因此可能会冻结回购。

我有一个固执而强烈的偏见：与前主席格林斯潘比较偏爱避免监管的程度相似，我反对中央银行减轻那些承担过度风险的机构的痛苦。我的意思是，从贷款到通过中介采取私人解决方案的任何行动，到与受困扰机构的首席执行官一起祷告。

事实上，美联储在幕后帮助防止长期资本管理公司在 20 世纪 90 年代后期失败之后，我的一些工作人员开玩笑地把我叫做道德风险先生。如果我们让对冲基金接受市场考验，那么我们可能会避免金融崩溃，因为机构会更加注意到他们正在面临的风险。

美联储的决定

我们决定以这种方式向前迈进——给予贝尔斯登过桥贷款。我们的想法是：这样的贷款将（1）确保它在星期五能履行其义务；（2）为他们和我们提供更多的时间来探索挽救企业的所有选择 ；（3）再给美联储与财政部这对组合几天的时间，来确定假设贝尔斯登无法被救助的话，要如何遏制金融市场的中断。

鉴于该团队已经决定了一条生命线，我喜欢这种做法，因为这将导致该机构面临更大的问题。我在办公室窗口做了几分钟的白日梦，我的危机日志记录了我当时想象的如下场景。

市场参与者已经对贝尔斯登感到恐慌，在了解到它需要来自大、坏而神秘的美联储的贷款后，进行了最后的运作。数百名国会议员一个接一个地在媒体麦克风前获得免费宣传的机会。典型的咆哮是：“美国人民，这是华尔街以牺牲普通百姓为代价的另一个例子——对此我很伤心，我会确保这样的情况永远不会再发生。我美好的选民们，永远记得我在这里奋力为你服务，所以不要忘了在我下一次选举时投票给我。现在，让我把话筒给我毫无说服力的同事。”

后来傍晚的时候，在倾盆大雨中，贝尔斯登跛脚来到中央银行的商店前，看看货架上是否还有任何救助出售。工作人员说：“我想救助已经卖完了，让我看看能否找到能够满足你需求的其他东西。”贝尔斯登跛脚捧着购买到的商品走到商店外面，开始哭泣，由于喘不上气昏了过去。此时，能听到一阵雷声，天空中有几道闪电划过。

我的白日梦离现实其实也没差太远。

在一天前美联储被正式通知贝尔斯登的流动性严峻的一周之后，美联储于3月14日（星期五）向贝尔斯登提供了近130亿美元的借款。由于它无法正常访问我们的贴现窗口，美联储表示，美联储法案第13(3)条允许这样做。该条款指出，美联储在不寻常和紧急的情况下可以将信贷扩展给个人、合伙人和公司。现在面临的情况是，贝尔斯登的失败可能会导致美联储无法实现目标之一——确保金融市场的稳定。

法案第13（3）条之后经常被利用，并成为危机行话的一部分。事实上，我最喜欢的美联储附近的一家星巴克的咖啡师在自由街55号工作。那段时间，我每天要喝2～3杯的大杯美式咖啡。咖啡师和我打招呼的方式就是，每次看到我又来点咖啡了，她都会开玩笑地问："你们还在搞13（3）法案吗？"她是一名斯坦福大学法学院毕业生，刚刚经历了一场昂贵而棘手的离婚后回到了纽约，她总是以周到的服务和令人愉快的个性为我提神。

长话短说。在14日的日出时分，我在纽约寒冷的街道中散步。回来的时候，我照例在美联储大楼的自动售货机上购买了2罐健怡可乐。当我把可乐罐从售货机上取出来的时候，我的手机收到一条消息：这笔贷款明确通过了，必须在开市之前发行。我立即回到办公室，发现后背湿透了，但我知道这不是因为刚刚散步的结果。结束电话之后，我打开了一罐可乐，气流喷了我一身。我赶紧换了衬衫和领带，继续把这项任务推进。

我所保存的这本危机日志还写着我当时被喷了一身可乐后的一些想法，其中包括"我希望这不会是今天即将发生的事情的前兆"，"好吧，今天至少不是13号"。"13号星期五"（黑色星期五）在西方迷信中是一个很不吉利的日子。

市场反应

这项贷款是通过一篇故意将其规模排除在外的措辞积极的新闻稿发行的，贝尔斯登首席执行官立即在媒体讲话，宣布他的公司可偿还能力是非常可靠的，会很快克服这种临时的流动性紧缩。

市场对此的反应非常可怕——就像我的白日梦一样。市场参与者更恐慌了，有影响力的政府官员现在正尖叫着道德风险。愚蠢的评级机构们正急于降低公司的评级，因为他们将数千个抵押贷款支持证券（MBS）过高地评为了AAA级别，现在正试图改善人们对他们毫无天赋的"ZZZ"（最低级别）固定印象。巨额资金流出贝尔斯登，股价在交易结束时已经下跌了一半。

除了来自天堂的奇迹外，如果没有额外的帮助，这个挣扎中的公司将不可能在周一开放营业。

决策时间，又来了

那么现在我们该怎么办呢？四个可能的选择是：

1. 美联储再次返场——不太可能出现这种情况，因为（1）市场会再次反应糟糕；（2）太多有影响力的政治家、经济学家和评论家们正尖叫着反对美联储对华尔街实体的特殊待遇。

2. 贝尔斯登继续寻找买家——由于他们迄今为止没有成功地找到买家，他们的周末努力可能也会失败，导致我们希望通过贷款能避免的崩溃最终发生。

3. 美联储组建一批强大的银行来注资大量的资本，长期资本管理有两个问题：（1）没有强大的银行存在；（2）华尔街没有忘记贝尔斯登拒绝加入在 20 世纪 90 年代末挽救了长期资本管理的私人银行集团。

4. 美联储通过经纪人收购贝尔斯登——最有可能是一个大型金融机构，它将受益于贝尔斯登的客户库，特别是以非常便宜的价格。

四号选择！在 3 月 15 日至 16 日的那个寒冷的周末，美联储和财政部团队通过摩根大通[①] 收购了贝尔斯登。不过，由于摩根大通的首席执行官杰米·戴蒙经验老到，他知道他的公司是唯一的潜在买家，所以他们做了一些工作。但是当所有人都说完了，美国的这句谚语“乞丐没权选择”概括了结局。

简而言之，交易包括以下内容：

• 最重要的是，摩根大通保证贝尔斯登履行其义务，带给市场一些平息。

① 摩根大通（JP Morgan Chase），俗称“小摩”或“JP 摩根”，总部在纽约，是一家全球金融服务机构，主要从事投资银行、金融交易处理、投资管理、商业金融服务、个人银行等业务。摩根大通于 2000 年由大通曼哈顿银行及 JP 摩根合并而成，后来收购贝尔斯登银行和华盛顿互惠银行。2017 年《财富》发布“美国 500 强排行榜”，摩根大通排名第 21 位。

• 摩根大通为贝尔斯登的股票出价每股 2 美元，比一年前交易的价格低了 159 美元，所以基本上他们为一家前一年左右价值约在 200 亿美元的公司支付了 2.5 亿美元。在我看来，摩根大通本来可能出价 6 ～ 8 美元，如果不是因为我们打算使用法案第 13（3）条，而不想留下美联储对贝尔斯登的股东非常友善的印象。不管怎样，价格后来提高到 10 美元，以确保贝尔斯登股东的批准。

• 摩根大通坚持要求，美联储购买近 300 亿美元的贝尔斯登最毒性的资产，使这些资产脱离摩根大通正要接管的实体。戴蒙基本上说，“如果你们不买这些有毒资产，我就不买贝尔斯登”。我听到了法案第 13（3）条的钟声。美联储为价值远远低于这个价值的废品证券支付了 300 亿美元，虽然价值评估人员认为，在世界末日到来之前，其价值将增至 300 亿美元。

• 如果未来通过出售资产无法收回我们的“投资”，摩根大通将同意报销 10 亿美元的损失。

• 盖特纳坚持财政部通过保证美联储不受任何损失而成为利益共合体的一部分，但保尔森的律师暗示在法律上他们做不到。我的日志表明，保尔森正准备说一些误导性的话，让大多数人相信，财政部和美联储是绑在一条绳子上的，但事实并不是这样的。不过，我记得不是很清楚，网上并没有相关的记录。

在危机期间值得注意的一件事是，律师——通常是美联储的律师，令人惊讶地渴望扭曲事实以创造法律保障，尽管我从来不太清楚他们是否理解他们正在扭曲的事实。有时候我不确定是否有任何人理解事实。

只要有利于促进金融市场的稳定并在法律上不存在障碍，三重彩一般很少会对这个方法或其中一部分提出问题。因此，除了保尔森以外，没人真的关心摩根大通花了多少钱买下贝尔斯登、新闻稿里面说了哪些没说哪些，只要对稳定市场有好处，他们也不急于纠正任何人对任何内容的误解。这与三个头的特朗普并没有什么不同——我们在后面章节里会提到，为了达到获胜的目的，他会做几乎任何事情。

有件事我可以绝对肯定地说，在整个危机的进行中，这三位领导人、他们的律师和团队工作人员在我以前从未见过的压力下，做了一切他们认为在当时的情形下对自己的国家最好的事情——特别是盖特纳、保尔森和伯南克。

带着造成未来金融市场棘手局面的效果，这项购买终于完成了。在这条路上，我们搏斗了、疲惫了、不高兴了，还伤痕累累。看起来所有公民都成为了系统性风险的“专家”，因为我听到了无数有关公司救助和道德风险的抱怨。令人惊讶的是，前美联储主席保罗·沃尔克、前美联储高管文斯·雷因哈特也对此持批评态度。我最近聘用的极为聪明的分析师曾经是雷因哈特在美国企业研究所（AEI）的研究助理，他表示，雷因哈特在面对媒体的时候，还特意降低了批评的强度。

但是，包括我在内的这些人都不处于三重彩的处境里。

哦，还有最后一点可以让你思索——杰米·戴蒙是美联储理事会的成员之一。

雷曼兄弟①：大猩猩向着火车冲

2007 年令人震惊的衰退，致使“清醒过来”的投资银行试图尽快摆脱抵押贷款的相关资产。然而，有一家银行的行为就好像是他们经常吸食迷幻药或是在睡觉。呃，就我所知道的，前者导致了后者。一列火车驶过来，当其他人赶紧跑开的时候，雷曼兄弟却一头撞了上去。

为什么？雷曼兄弟认为，在其他人试图退出的时候，它可以大赚一笔。从 2006 年年底至 2008 年年初，雷曼兄弟的净资产翻了一番，达到约 425 亿美元。

但是，等等。迪克·福尔德是他们的首席执行官，至少在赚钱方面，他受到许多人的广泛尊重。2006 年，《机构投资者》杂志将迪克·福

① 雷曼兄弟（Lehman Brothers）成立于 1850 年，是全球性多元化的投资银行，在华尔街五大投行中排第四。2008 年 9 月 15 日，在次贷危机加剧的形势下，雷曼兄弟申请破产保护。

尔德评为美国私营部门的最佳首席执行官。现在听来似乎很有趣，但是在 2008 年 3 月，《巴伦周刊》把他称为“华尔街先生”及全国 30 位最佳 CEO 之一。也许福尔德是对的，而世界上的其他人都是错的。

作为快速带过但也可能颇为重要的题外话，几乎所有的华尔街高管——包括他自己的一些高管，私底下都把福尔德称为“大猩猩”，因为他的领导方式令人生畏。我见过他很多次，虽然他身高约五英尺八寸（约 1.73 米），但身体素质非常好、身材健壮，这增添了他的指挥力。我相信他和保尔森之间并不交换生日贺卡，福尔德也不和雷曼兄弟之外的任何人交流。

雷曼的大部分增长都发生在其内部风险管理政策之外。如果你为了追求盈利绕过规则的话，那为什么要制定规则呢？我检查了一遍他们的风险管理指南，并没有看到有脚注指出“如果我们有机会赚大钱，就不要紧跟这个框架了”。也许我漏看了，或者可能它是用淡墨水印刷的。更可能的情况是，福尔德告诉风险专家“去他妈的内部政策”，由于担心丢了工作甚至小命，他们只好乖乖服从。

雷曼兄弟纽约总部大门显示屏

糟糕的判断导致雷曼兄弟拥有一个使用高度杠杆的、非常大的、风险极高的资产组合。这让市场参与者非常担心，其中许多人认为雷曼是下一个遇到重大麻烦的公司。

虽然保尔森和福尔德两位领导人的个性和背景截然不同，但他们扮演着相似的长远角色。许多华尔街的高管都是极端自我主义者，但是这两个人很特别。更可靠一些的银行，如高盛从来没有由如此与现实脱节的人掌管过。雷曼兄弟的首席执行官福尔德是一个穿着正式、脾气急躁的硬汉，他晚上在纽约进修商学院课程，随后通过恫吓他人的方式夺取权力，从此在雷曼青云直上。

混淆是非的会计

2008 年上半年，雷曼兄弟公司报告说政府的文件表明，他们的杠杆作用正在稳步提高。嗯——可能不是吧。对我来说，这是烟与镜会计（指混淆是非）。在我进一步展开这个问题之前，让我说明一下，没有前雷曼兄弟的雇员被指控违法，我也不是注册会计师。可能他们是无意的，可能他们不理解规则，也可能存在某些法律的灰色地带。

让我解释一下这个会计问题。在高水平和一般水平上，回购是当公司 A 从公司 B 抵押一天左右借款，公司 A 连带利息一起偿还贷款。你也可以反过来看回购：公司 A 向公司 B 提供抵押品，公司 B 约一天后再购回抵押品。不管怎样，美国会计准则规定，该交易应作为非常短期的借款或贷款进行记录，尽管相关的抵押品已被抵押，但不应在不同的资产负债表上移动。如果抵押品以 98％～102％的价格回购，则应保持不变。

如果回购价格超出该窄幅波段，该交易将被视为销售而不是贷款，该证券将不会出现在公司的资产负债表上直到回购完成。这给雷曼带来了机会。通过同意以 105％的销售价格回购资产，雷曼可以将其记为销售，并将其从账目中删除。

通过这种办法，2008 年第一季度和第二季度末，雷曼兄弟从其资产负债表中清除了 500 亿美元的债务，这使他们的债务水平看上去低了很多。其改善了的杠杆使股东和市场平静了一些。雷曼因此能够隐藏住他们正在承受巨大损失的情况下出售资产的事实。

不抢救

虽然雷曼可能愚弄了一些人，相信他们的健康状况正在改善。但是，福尔德很明白，他需要立刻筹集资金来改善他们真实的流动性状况。同时，就像发生在贝尔斯登身上的一样，谣言开始四处流传并愈演愈烈。雷曼兄弟发现很难筹集到资本，也可能是福尔德的顽固本性导致投资者难以同意雷曼开出的条件。

然而，福尔德继续以他强硬的个性向前迈进。在夏季，他继续与韩国开发银行（KDB）进行了大量的注资谈判，但他们最终走了。

我们前进到 9 月 7 日的那个星期，雷曼兄弟的死期已近。流动性从其前门涌走。谣言又一次四起。评级机构也再次及时地做好了准备。在周一至周五期间，该公司的流动资金由250亿美元下降到了10亿美元。其股价接近 3 美元，远低于前一年的近 70 美元。啊，收购又来了。

在那个阴雨绵绵的周末，美国银行曾表示出来有兴趣接手，但最终还是没戏。我们最后的希望是巴克莱银行，这是一家英国的大型跨国银行，原本在几个月前对雷曼表示出了兴趣。他们的估值团队在 9 月 12 日那个飘着雨的星期五抵达纽约，但发现雷曼的形势大大恶化了。他们表示，如果 500 亿美元的有毒资产无法从其资产负债表中剔除，他们将不会收购雷曼。

财政部 / 美联储团队不是一个选择。三重彩——特别是保尔森，还没从上一轮摩根大通和贝尔斯登交易的战斗疲惫中缓过来。因此，作为防止雷曼破产的最后一搏，保尔森和盖特纳在星期天重演了一台长期资本管理的戏，最终组建了一个能够提供资本使巴克莱交易向前推进的财团。呃，我们曾经离交易成功那么接近！

还没那么快。

英国银行业务部门不允许这笔交易立即推进。雷曼兄弟完蛋了。该公司在 9 月 15 日凌晨宣布破产，因为那天早上雷曼已经没有足够的现金开业。

如果正确的事情是在错误的时间做出的，那么这件事情就是错误的。

——约书亚·哈里斯

我的朋友，这是一场由“可控危机”变成全球灾难的一个重要转折点。贝尔斯登的救助令人预期像雷曼兄弟这样具有更大的系统性风险的银行也将得到救助。至少，那些与雷曼兄弟有利害关系的人肯定会期望政府尽量减少他们的损失。

我认为，让雷曼兄弟失败的决定在宣布的时候如果是一条广泛而严厉的“不再救助”的消息，那么在对雷曼兄弟和贝尔斯登的处理上有失一致，不过总体来说是清晰的。但是，我们对这样的信号感到不舒服，因为另一个潜在的甚至更大的救助方案正在酝酿——美国国际集团[①]（AIG），该公司为许多被称为“CDO”的按揭衍生工具提供保护政策。

市场讨厌意外——如果一个重大的意外出现了，你可以期待看到重要的影响。他们被雷曼兄弟的破产吓到了。对于许多全球市场参与者和货币当局来说，这种不清晰的不一致性暴露了世界上最受尊敬的中央银行内部的犹豫不决和混乱，信贷市场由此进一步冻结，全球经济滑入“大衰退”。

① 美国国际集团（American International Group）是一家国际性保险及金融服务机构集团，总部设于纽约美国国际大厦。根据 2008 年度《福布斯》杂志的全球 2000 大跨国企业名单，AIG 在全世界排名 18 位，自 2004 年 4 月 8 日开始一直都是道琼斯工业平均指数的成份股，直到金融危机发生，于 2008 年 9 月 22 日被除名。

AIG 总部

真理以及危险的神话

读到这里，你可能会想，是三重彩的前后矛盾导致了广泛的危机，这种想法并不正确。以这种方式思考这场危机就好比是：你认定正是因为我给了我那肥胖的朋友诱人的汉堡包和美味的薯条，才导致了他的心脏病发作。在我给他食物之前，我的这位朋友状况就已经很不好了。的确，我没有必要加重他的问题，但是不管我提供什么吃的给他，他都免不了心脏病发作。一个更好的办法是，早在他的饮食问题发展成为一个更重大的健康问题之前，他和他的家人就监测他的饮食，并鼓励他选择健康的食物。

由于参与者贷款投资了大量毫无价值的证券，市场在雷曼兄弟坠落之前已经处于非常震动的状态。

然而，一个广泛传播的、误导的和危险的神话立即流传开来并仍然继续着——美国金融当局通过“不救雷曼”来“造成”危机。

这个神话的危险是双重的：

1. 这是对道德风险虚假的解套，使得金融机构用纳税人资金的政策永久化，这使那些做出不好决定的机构能够避免他们本来应该感到的痛苦。

2. 它允许政策制定者避免对自己的行为负责——在监视时沉睡，然后试图造成危机来逃脱。

为什么不救雷曼?

很多美国人喜欢阴谋论。虽然任何一个故事都很少被超过25%的公众相信，但有很多故事可供选择，至少有一半以上的人会相信其中至少一个。这些故事包括1969年美国宇航员成功登陆月球是美国政府的造假、美国政府提前批准了2001年9月11日的恐怖袭击事件等。类似的阴谋论故事还有数百个。

“为什么拯救除雷曼兄弟以外的所有人？”这是一个即使到今天，我被问到的比任何其他关于金融危机的问题都多的问题。行业中的许多人——包括你很熟悉的一些非常有名的人——坚持认为，雷曼兄弟的失败是一场阴谋，美联储、财政部和政府有什么隐瞒着大众。根据雷曼的“官方”言论，雷曼缺乏足够的抵押品来支持信贷扩张，然而，当被透露他们可能有足够的抵押品的时候，相信这个阴谋论的人的数量会急剧增加。在那段日子里，估价抵押品简直就是一场“黑暗中的枪杀”——显然，美联储的模型即使在情况好的时候都几乎不够用。

我不能肯定地给出一个答案，但我可以肯定是由于以下的三重彩的一些组合：

- 向“救助雷曼”的激烈的政治反对声低头；
- 慢慢习惯了道德风险的危险；
- 缺乏对雷曼破产可能造成的广泛破坏的正确理解；

• 低估了他们前后矛盾的决定对全球金融体系的影响；
• 认为雷曼兄弟回应他们的问题的速度太慢了；
• 对雷曼在会计上耍的花招很生气；
• “大猩猩”不在他们的生日或节日贺卡寄送名单上。

我们将永远不会知道，如果美联储将雷曼从流动性危机中解救出来的话，它的长期命运会如何。雷曼兄弟可能无限期地作为独立公司幸存下来；它可能被另一个机构收购；或者最终可能被迫下调业务。然而，这些结果中的任何一个都可能比实际发生的破产对金融体系的破坏性更小，破产实在太糟糕了。事实上，我们在雷曼死亡之后重新启动了救助程序，后面的救助一定不小。早知如此，何必当初呢？

有关汉克•保尔森的说明

一些媒体和私人权威人士错误地指出，让雷曼兄弟这个昔日里不交换节日贺卡的竞争对手破产是汉克•保尔森一手主导的。事实上，我读到或听到过几个报道，推测保尔森将他新的“不救助偏好”强加给伯南克和盖特纳，并强迫雷曼宣布破产。

这不是事实。前财政部长保尔森竭尽全力在没有政府的钱的情况下挽救雷曼，直到最后一刻。有人说，在他从前的敌人来到门口求助之后，保尔森突然变成了一个拥护道德风险的家伙。这完全是一派胡言。政界和公众对再一次救助形成了非常强烈的情绪，这与汉克的长期偏好相吻合。事实上，他表达了同样反对纾困贝尔斯登的偏好。

有人说，他强烈地向雷曼表示，他们“必须宣布破产”，我没有听到他说出任何这样性质的话，但是他必须确保雷曼高官们对自己的危急处境非常清楚。在我看来，这绝对是必须的，因为公司在死亡期间经常无视事实或一厢情愿地过度乐观。例如，“大猩猩”在寻找有意义的资本方面已经很迟了，而当他终于发现时，却向一个愿意为了他的公司冒数十亿美元风险的人（如沃伦·巴菲特）提供了些很弱的激励措施。

此外，我看到很多人将前财政部长强烈的纾缓救助偏好说成是“保尔森对策”。与前面我们讨论过的“格林斯潘对策”不同，这个称呼没有多少真实的成分。

对于救助最后想说的话

如上所述，美联储过度强调其第13（3）条权力，为许多机构提供大量财政援助，这些机构一般是构成广泛系统性风险的大型实体。这些机构在被误导的人眼中已经变得“大而不能倒”，政府或政府组织的安全网会等着他们，使金融体系“被救”。

一派胡言。

每当美联储和财政部“救助”一个金融机构时都是明显地在犯错，不管这种救助是直接的（如公共资金注入）还是间接的（如美联储组合私人投资者提供救助网络）。自由企业资本主义的本质是失败和成功的自由。市场往往倾向于受到政府保护其失败的机构，对他们提出的问题太少，为自己的利益而为他们提供了太多的资源。此外，这种保护歪曲竞争格局。在许多方面，安全网是向大型银行提供的补贴，为他们提供更便宜的资金成本，而牺牲了我们许多中小型银行。

现在是美联储和政府“领导人”让大机构跌打滚爬的时候了。当局应该向市场发出一个清晰的表态，一个“不再救助”的前瞻性指导声明，以压制其隐含的假设（即如果出现问题，政府会帮助他们）。

我们必须拆除随着时间的推移已经到位的现有的框架。在这个框架下，关系密切的大型金融机构得到政府救助，而较小的机构和业主则必须照顾自己。此外，政府机构有责任不使用公共资金来支付与他们选择的赢家和输家相关的成本。

我们的领导人可能会发现下手的第一刀是最深刻和最不合逻辑的，因为他们没有被训练去思考具有短期成本但产生长期收益的行为——任何投资的典型回报模式。不过，根据我的判断，好的领导人能够理解也能和下属就推迟艰难选择的代价做良好的沟通。

如果这样做会让他们感觉好一些，当局可以向市场上的一些最可能会由这个大胆宣告而蒙受损失的机构提供一些纸巾。因为初衷良好但问题重重的政府政策的消失而痛哭的肥猫们可以用来抹去他们的眼泪。金融部门需要知道，它将承担其行动的全部后果，这意味着，不再是纳税人承担其产生的损失。

我就说到这儿。

当年位于美国纽约曼哈顿的贝尔斯登大楼

第四章　危机过后——美联储的非常规政策

FEDERAL RESERVE

方向改变的及时性是关键，因为我们将在很大程度上位于未知的领地。在不熟悉的领地，最好早点转身，因为你“不知道你所不知道的”。

公开市场操作[1]目标

传统上，货币政策制定者主要通过使用公开市场操作来操纵短期利率来影响经济。这是通过买卖短期国库券实现的。

但这是非正常时期。危机导致许多美国最大的金融机构——房利美、房地美、贝尔斯登、雷曼兄弟、花旗银行和美国国际集团的失败或崩溃，以及汽车行业的危机。

目标 1：促进经济增长

美联储的目标很明确，就是通过使用非常规政策来影响对消费者和企业支出来说最重要的利率——中长期利率，从而更强劲和更快地促进经济复苏。

① 公开市场操作也称公开市场业务，是中央银行吞吐基础货币，调节市场流动性的主要货币工具。中央银行与指定交易商进行有价证券和外汇交易，来实现货币政策调控目标。

目标 2：避免通货紧缩和反通货膨胀

此外，我花了很多时间研究第二个“非官方”目标，以避免通货紧缩（价格变动率为负或低于零）和反通货膨胀（价格变动率为负、零或以上）。这是一个关键的但经常被误解的话题，所以让我在这里好好谈谈。

你我可能会认为降价听起来很棒，对吧？当然，但只是在短期内，因为中长期的价格较低可能会导致主要的经济麻烦。事实上，大多数中央银行家对通货紧缩的恐惧比任何其他经济现象更甚——我知道我就是其中一个。

这个坏消息的概要，即通货紧缩导致更多通货紧缩的预期，这给经济活动带来了下行压力，这又导致对通货紧缩等更多的预期。人们等待较低的价格购买非必需品和服务，导致企业的产能过剩和库存上升，价格进一步下降。价格下跌证实了我们的预期，所以我们进一步推迟消费，创造了一个消费者犹豫的自动循环的周期，这导致了库存和产能过剩、价格低迷以及消费者购买物品的持续犹豫。这是一个似乎永远不会结束、自我实现的循环，要想退出可能会非常困难。

消费者和企业债务实质上随着长期通货紧缩而上升。虽然债务的名义价值仍然固定，名义个人收入、营业收入和营业利润都有所下降。在企业方面，缓慢的经济发展和不断增加的债务负担导致利润和股票价值的下降以及更多的破产。在消费者方面，股票价格下跌带来的负面财富效应与增加的偿债负担相结合导致个人破产增加。

对此有怀疑吗？想想过去 25 年的日本吧。多年的通货紧缩（价格变动率为负、低于零）和通货膨胀（价格变动率为负、零或以上）——中央银行无力解决，导致了 25 年的缓慢或衰退的经济发展。

执行原则：如果实验不起作用就返回

虽然在技术上不是一个目标，但决策者始终遵循的假设和逻辑原则是：若政策无效或造成意外的重大附带损害，则改变方向。我在美联储的职业生涯中，看到有太多的情况避免了这个原则。

方向改变的及时性是关键，因为我们将在很大程度上位于未知的领地。在不熟悉的领地，最好早点转身，因为你“不知道你所不知道的”。

这个快速转身方法类似于，我在芝加哥联储银行完成了一天长时间的工作后离开下榻的芝加哥酒店，寻找一家深夜还开放的中国餐馆以满足我饥肠辘辘的胃。然而，在我走了大约 10 分钟后，依然一无所获。我很想走得更远些，因为我很饿，但我决定回头。因为这儿不像纽约，我并不熟悉芝加哥的街道，可能会迷路或遇到更糟的事。

许多美联储高管和经济学家都是顽固分子。例如，一个在芝加哥出差的经济学家很有可能会在我暂停搜索的地点继续他的搜索。因为芝加哥是一个大城市，他肯定中国餐馆就在附近——他能感觉到。他继续向前，最终寻找任何潜在的可能。啊——他最后在大约 6 个街区之外看到一些模糊闪烁的光点。这是一个积极的迹象，他心想。于是，他加快步伐，心跳也随之加快，最后终于到达的时候却发现那不过是交通信号灯。不用担心，前面是很多微弱的希望可待追求。等等，经过 2 个小时的搜索——你猜到了——经济学家最终精疲力尽，在一个陌生又非常危险的城市社区迷路了。

所以，确定的目标是：（1）加快经济前进的步伐；（2）避免通货紧缩或反通货膨胀，它们将在“调整或回归”原则的背景下进行。我以这种方式静静地评估了美联储的表现。

零利率政策[①]（ZIRP）

为了给经济带来刺激，在 2007 年 9 月—2008 年 12 月，联邦基金利率目标下降了 5.0%，利率维持在 0 ～ 0.25%水平。被中央银行视为所需的短期利率调整是相当常规和符合预期的。

当联邦基金利率接近零时，我们无聊的经济学家将之称为全能的“零下限”。这个短语表示，一旦联邦基金利率在 0%，传统的公开市场操作就无法用来刺激经济。

长期接近零的利率是非常规的。从 2008 年年底到 2016 年整整 8 年时间，美联储将其联邦基金利率的目标范围保持在 0 ～ 0.25%。这通常被称为美联储的“零利率政策”（ZIRP）。

多数大国处在零利率的边缘

① 零利率，也叫零利息，表示一定时期内利息量与本金的比率，通常用百分比表示，按年计算则称为年利率；就其表现形式来说，是指一定时期内利息额同借贷资本总额的比率。当前，全球已迈向零利率时代。2008 年年底起，美联储的零利率政策执行了 8 年，近两年一直在商议加息。

量化宽松政策（QE）

大多数经济学家认为，最重要的刺激家庭和企业支出的利率以及促进经济增长的利率是中长期预期的实际利率。

美联储通常会试图通过正常买卖美国国债来间接影响这些利率，这会影响短期利率，然后通过期限结构效应慢慢影响更长期的利率。然而，鉴于危机的严重性，美联储认为需要增加额外货币，来减少长期收益。

伯南克主席认为，量化宽松政策是他正在寻找的解决方案。量化宽松是一种购买大量长期住房抵押贷款支持证券(MBS)和住房管理局资产，并将其维持在美联储资产负债表上的非常规政策。这个政策的大概思路是，由于大量囤积，市场上证券的缺乏将导致价格上涨，利率降低，并帮助刺激住房和相关市场的总体需求。

美联储信贷分配的适当性

当我在美联储下属机构担任执行官时，我很高兴公开支持中央银行的决定，以统一的面貌呈现市场。

但是，在中央银行内部，我从一开始就不是有针对性的量化宽松政策的粉丝，因为美联储大幅增长的权力超出了货币政策的目的。政府信贷的分配应由国会决定，而不是由美联储等指定机构决定。量化宽松政策为美联储提供了不折不扣的能力，以牺牲所有其他部门的方式对住房部门进行贷款，将其不必要地卷入了非货币政策目的的决策中。

鉴于联邦预算的现状，发行 4.5 万亿美元的政府债券提供资源来购买类似规模的住房抵押贷款证券和机构证券投资组合是明智的做法吗？可能不是。应该用一些钱来扩大公益金贷款，或是帮助为学生贷款挣扎的学生吗？这是一个反事实的分析，但让我用一句话来总结：虽然有无数的方式来使用这 4.5 万亿美元的联邦信贷，但美联储不处于做出分配资金决定的位置。

成绩单：初步有用，但后来无济于事

我用一种“常识”的经济预测模型，它持续胜过我所知道的所有其他计量经济学模型，包括美联储的。这种模型的信息在很大程度上用的不是后顾性的数据。我最大的权重信息是许多经济学家似乎远离了更根本的“现实世界”的信息以及实时的风险传播。我与我很了解的人就目前的经济状况以及他们认为将来可能发生的变化交换看法。这些人包括我的华尔街朋友、家人、理发师、杂货商、豪华轿车司机、老同学和散落在美国各地的朋友。在当地居住和在外旅行时，我会留意小企业和建筑水平的变化，以及“出售”和“招工”标志的数量。这给了我对经济的总体状况及其近期前景很好的了解。

顺便说一下，美联储据称根据这些定义以期刊“褐皮书”调查的形式提供信息，这些调查从业务联系人和其他来源收集有关经济状况的逸事信息。不要相信这些数据，我曾经负责堪萨斯城联储银行的褐皮书团队，我可以告诉你，消息来源通常很高兴能够与强大的美联储人员谈话，他们非常偏向于告诉美联储那些已经向公众通报了的信息。此外，调查电话通常由低级别的工作人员处理。在我离开堪萨斯城联储银行很多年后，一位高级副总裁（多年前曾是负责褐皮书调查电话的分析师）告诉我，一旦她的团队能让两个人说同样的事情，那么这个事情就会被报道为一种趋势。呃，不！

在耶伦主席最近的一次发言后，我通过电子邮件联系了美联储公开市场委员会成员，并表示了我的感受：她的演讲对经济的评价是如此积极，我快开始质疑我的理智了。我了解过我的社区，也给几个朋友打过电话，正如我所料，没有人的感受和想法像她所描述的那样。数据看上去很好，但实际上不是。误导性的前瞻性指导从来就不是好的，也是不道德的。

无论如何，到2009年，我的模型表明我们已经在美国国内看到了拐点。美国虽然仍在颤抖，但对经济和前景的感觉好多了。风险蔓延已恢复正常，市场平静了下来，通货膨胀和经济增长回升。作为一名自由市场经济学家，充分意识到在未知水域航行并最终离开的巨大风险，我认为2009年之后不再有任何需要延续（非常规货币政策）的实验行动。

不过，我对于似乎过度为“经济数据驱动”的美联储希望在2010年年中之前看到最终的“官方”NBER（美国国家经济研究局）数据，然后才得出美国不再处于衰退状态的结论，以及更愿意多持续一段时间来关注通货膨胀的做法表示赞赏。我曾经希望他们不要依靠他们可怕的模型来得出现状的结论——甚至在调整和运行该模型的经济学家中都流行这个笑话，自“二战”以来，中央银行从未能提前6个月预测到经济衰退。

相反，为了保持公平公正，我的评估框架分为两类：

（1）需要的和有效的：2010年中期之前进行的实验，如在我们知道我们还未结束衰退之前，且有足够的时间来监测通货膨胀。

（2）不需要的和无效的：2010年中期之后进行的实验，如在我们知道我们结束衰退之后，且有足够的时间来监测通货膨胀。

2010年之前

在这种情况下，在健康的财政刺激措施的背景下，我觉得以下非常规行动是有效的：

（1）初始大规模资产购买（2008年）——6000亿美元的住房抵押贷款证券（MBS）和机构债务。

（2）QE1：（2009年）1.25万亿美元的住房抵押贷款证券（MBS）、机构债务和长期国债。

（3）联邦基金利率目标价格下调（2007—2008年）——从5.0%

从下降至 0 ～ 0.25%。

我认为，这些行动很可能使我们避免一场非常严重的衰退，并使我们脱离我们所陷入的困境。现在有很多优质论文指出了这一点，虽然在这个问题上并没有达成普遍的一致。

然而，现在是时候将试验船赶回正常的岸边了。中央银行比我最初预期的驶入未知水域的程度要更深一步。

2010 年之后

然而，由于尚不清楚的原因，美联储并没有转身。也许他们不明智地被他们那数据依赖性的、后顾性的、不可靠的计量经济学模型所捆绑。要教一条老狗新技巧确实很难。

此外，他们固执地又用了整整 8 年的时间深入到未知的领地。这么长时间表明，政策的无效性和附带了大量的损害，证据很充分！

我认为，以下行动是不需要的不起作用的，并在市场上造成了不正当的激励。

1. QE2：2011 年，超过 8 个月的 6000 亿美元长期国库券，每月 10 亿美元。

2. QE3：2012 年 1.7 万亿美元的住房抵押贷款证券和机构债务。

3. 维持联邦基金利率目标下调接近零（2010—2017 年）。

美联储的固执，在许多方面类似于我们假想的那位深夜在芝加哥街头搜寻了 2 个多小时中国餐馆，却发现自己在一个陌生的社区迷路的经济学家。一方面，他和中央银行都没有达成目标，最终在返航之前，在极端危险的地区迷失了方向。另一方面，经济学家步行 2 小时后可以选择回头，而美联储则继续深入不熟悉的领地，再度追赶 8 年之久！

2010 年 9 月 11 日，美联储决定拉动 QE2 闸门的那一天，我的日志看上去是这样的：

固执而糟糕的举动……
负面的公告效果……
我们不明白持续不断放纵的风险……
不想冒险不做任何事情的固执而糟糕的领导……
9 月 11 日看上去可真适合这个决定啊……
大多数人支持，那我可能是错了……
真是厌倦了这档子事儿。

从 2009 年年底到 2017 年中期我完成对这本书的最后撰写这段时期，我的“现实世界”模式告诉我，美联储的实验政策可能会产生与中央银行预期相反的效果。他们的政策被解释为清晰而逐渐恶化的美联储前瞻指导，这种政策创造了一个恶性循环，把我们保持在经济滞缓或更糟糕的环境中。

1. 市场参与者将 QE 行为视为“可怕的前瞻性指导”——经济远远比他们想的更糟。

2. 他们相应地做出反应，并做出最坏的打算。他们推迟非生活必需品的消费。由于他们的“预防万一基金”已经因危机而耗尽，而利率又如此之低，他们便追求风险更高、回报率更高的投资。

3. 这些是导致经济衰退的因素。

4. 缓慢的增长导致美联储进一步深入未知的领域，从而进一步令市场担忧，等等。

此外，正如你可能在宏观经济学入门课程中学到的，货币政策应该是抢先的，因为它的影响长期滞后。因此，货币宽松政策的退出应该在 2010 年官方正式宣布衰退结束即本轮周期开始时发生，而不是在 2017 年本轮周期结束时。

共同损害和即将到来的主要风险

8年来，美联储的船只上一定有一场永无止境的聚会。在长途旅行期间，他们继续收到数据，表明实验政策：（1）仍然是失败的；（2）造成附带损失。

记得以前讨论过的小丑吗？小丑离开后，乐趣就结束了，您的社区也出现了问题，对吧？我们那红鼻子的朋友在美联储的试验船上匆忙度过了短暂的假期。鉴于巡航远远超出了他们原来的想法，他们最终感到无聊，开始做他们最拿手的事情——创造极大的人为激励和破坏。当然，他们在船返回正常的海岸前不能离开小镇。

美国国内经济

已经观察到的

1. 普遍的错误定价遍布全球金融市场。这些政策导致了某些资产价格的人为膨胀、杠杆的增加以及伪财富效应。美联储知道，量化宽松政策比起其他更多的经济领域，将更有利于房地产业。事实上，截至2017年年中，我们的商业市场处于泡沫之中，而在某些地区，我们的住宅市场泡沫甚至更糟。我们之前见证过这个泡沫的故事，还记得吗？

2. 早些时候，我讨论了我的看法，即政策的影响与美联储的目标相违背，这对经济形势造成了永久的压力。

3. 另外，一些表现不佳的实体——我们称之为僵尸，如果不是受到放宽信用政策支持的话就会破产。美联储创造了许多僵尸——表现不佳、不靠放松信贷政策将无力偿债的银行、公司和家庭。这削弱了生产力和经济的增长。

4. 储蓄者基本上没有收到货币市场基金和储蓄账户余额的回报。事实上，扣除通货膨胀和税收之后，这些工具的实际利率是负的。

还未观察到的

1. 资产价格无法超过真正的经济增长。随着利率开始自然、长期均衡上升，股市和房地产市场的泡沫将爆破。负面的财富效应很可能进一步放缓经济。

2. 迈向正常回报的重大一步将会使市场效率低下，给经济带来下行压力。我们可能会看到生产力下降的影响以及失业人员的增加，他们缺乏在更有生产力的领域及时找到工作的技能。

3. 即将退休的人员养老资金可能不足，需要延长工作年数，这抑制生产力的提高。

不平等的扩大

已经观察到的

1. 包括最近一项来自哈佛的研究表明，财力雄厚的公民是住房部门资金资助的主要受益者，而那些最需要帮助的人——市场中不幸被危机摧毁的人却很少获益。这使得美国贫富差距的现象更恶化了。

2. 如上所述，国内储蓄者的储蓄收益接近零。失去的利息收入是永久的财富损失。非常规政策不仅错误地分配了信贷，而且将财富从普通百姓那儿移向华尔街进行了重新分配。讽刺的是，美联储主席耶伦经常批评自金融危机以来收入和财富不平等的增加。我相信，美联储的某些政策增加了这种不平等。

新兴市场[①]（EMs）

已经观察到的

1. 国内低利率导致资本入侵中国和其他新兴市场寻求收益。这些国家在某些市场看到了泡沫的出现，并开始依赖资本流入。

2. 美联储向正常化迈出的最初的一小步，造成了这些国家的巨额资本外流。例如，中国为了减缓这样的情况而实施了流出资金限制。

还未观察到的

1. 根据国家货币和央行储备的实力，我们可能会看到，资本流出国而采取额外的资本外流限制。我认为，由于美联储“人为地”造成了这个问题，我很乐意支持“人为地”资本流出控制来帮助解决问题。对我来说不支持这样的做法是不道德的。

2. 超廉价的美国信贷的结束将给发展中经济体的资本市场带来空洞。资本从市场流出反过来又会导致货币进一步贬值，而美元将随着货币流入而坚挺。这可能给过去我们的资本接收者带来更加严重和长期的偿债问题。

道德风险

已经观察到的

这最终看起来像是一场大规模的银行救助。大部分的量化宽松（QE）购买从商业银行的资产负债表中删除了一些风险最高的资产——房利美和房地美的债务以及住房抵押贷款支持证券。这导致一些人认为，美联储设计了量化宽松计划来纾缓银行压力，而不仅仅是一种新形式的扩张性货币政策。从银行的角度来看，量化宽松政策被认为是巨大的成功，

① 新兴市场（Emerging Markets），是一个相对概念，泛指相对于成熟或发达市场而言目前正处于发展中的国家、地区或某一经济体，如被称为“金砖五国”的中国、印度、俄罗斯、巴西和南非，正兴起的“薄荷四国”印尼、尼日利亚、土耳其和墨西哥等。

因为这些采购加强了他们的财务状况。由于零利率政策，这个结果有一点儿被息差收窄所抵消。

财政政策管理

还未观察到的

随着我们恢复正常的货币政策和利率的上升，这将导致联邦预算中的利息支出大爆炸，并可能使财政政策踏上正轨更加困难。

即将到来的衰退

10 年来，美国一直处于非常疲软和生产力低下的状态，并且继续受到其非常规货币政策的危害和经济势力损失的打击。

2017 年上半年，美国经济已经登上经济衰退的列车。赶紧找到你喜欢的座位，因为其冗长的连接起来的风险——可以把它们想象为互相连接的铁路货车——将不迟于 2018 年上半年启动。之后，它将自动滑向一个非常陡峭、漫长而危险的斜坡。

听起来很可怕吧？列车的速度并不能反映许多关键的未知数。

一切到时候可能会非常非常混乱。

美国的经济现在正处于极端的关键时刻。

最大的风险——我们不知道我们不知道什么

我最担心的风险我们还没有讨论过，而且在很大程度上是未知数。

延迟退出（非正常货币政策）的影响

根据我的判断，由于美联储的低通胀和充分就业的双重任务，货币政策调节的有序松绑实际上是不可能的。中央银行现在面临着一个复杂而且可能很昂贵的困境：

收紧：我们面临着异常激烈和潜在的通货膨胀担忧、缓慢收紧疲软的经济和数个大型资产泡沫以及加速的经济衰退。这些都是未知的水域——经济衰退的深度可能比这些因素不存在的情况下要深得多，可能导致另一个非常规政策的恶性循环。

现状：继续过度的调节，避免经济衰退。不利的激励措施和相关的附带损失继续存在，可能会出现新的麻烦，通货膨胀这只精灵可能会从瓶中逃出。

美联储和美国经济的声誉

美联储继续受益于通过几代人积累而获得的“监督大规模经济引擎的世界上最有才华的中央银行”声誉。在过去10年的背景下，美联储及其监督经济的国际声誉显然在下降，特别是对非西方国家而言。如果这种声誉的下降不是轻微的，那么对美国的经济会产生重大的负面的影响。这种影响表明，全球经济需要有新的声音。

美国新任总统的影响

美国选举唐纳德·特朗普为新一任总统，自 2017 年 1 月起上任。另一个关键的未知数是他的可能影响，在下一章中我将研究一个主题。概念上来说，旨在提高长期生产力的适当的财政政策，可以最大限度地减少或消除我所预期的经济情况；反之，糟糕的财政政策或煽动性的言论可能会使经济情况恶化。

最后一章，让我们来看看新总统可能产生的影响。

位于纽约的摩根士丹利

第五章　预知未来——不确定性及额外的风险

FEDERAL RESERVE

说是一回事，做是另一回事。

——米歇尔·德·蒙田

唐纳德·特朗普当选美国总统后，别人问我最多的一个问题就是：“未来新总统的经济政策对美国和世界意味着什么？”

每次新总统选举后，这都是一个常见的问题。我有自信，我的答案一般不会离事实太远。这是因为要提供答案需要了解以下两点：（1）新总统的经济政策；（2）法律将由国会立法机关批准的可能性。后者是基于国会的政治组成以及总统与他们密切合作以实施其政策的技能。作为一名政治经济学家，我对这两点都有很好的了解。

正如我们将在本章中看到的，总统特朗普的两个因素使得这个问题的答案非常复杂：

1. 他的竞选政策很可能不是他就任总统后的政策；

2. 总统对国内和国际政治动荡构成重大风险，可能限制他的政策的有效性。

让我们来看看吧。

作为候选人的政策

在成为候选人之前，特朗普的顾问团确定了一个日益增长的大量的选民群，他可以用精心设计的信息吸引他们，并可能赢得总统职位。普通美国人因为落后于这个国家的精英而感到沮丧，他们目睹了针对华尔街的救助工作，也目睹了紧随其后的巨额奖金。与此同时，许多美国普通百姓失去了自己的家园、不错的工作以及对美国的自豪感。尽管在过去 25 年中，行业工人人数有所下降，许多消失了的工作都在制造业。

经济在危机后一直乏善可陈，收入不平等继续增长。虽然（根据官方给出的数据）当前失业率很低，但失业率统计里不包括：（1）退出劳动力市场的美国人的记录，其中许多人是由于长时间搜索一无所获以及相关的挫折感而放弃找工作；（2）许多人目前的工作收入远不如从前的工作。

特朗普的顾问团——最重要的是史蒂夫·班农，看到一个对于这些选民很有吸引力的民族主义平台，也是帮助特朗普从竞选直奔白宫的跳板。特朗普向美国人担保，在他的指导下，美国的经济增长率会因为他的政策建议而翻一番。

就业方面

通过严厉惩罚那些偷走了工作岗位的人，来夺回制造业的就业机会。

特朗普不断谴责地其他国家——主要是中国，通过不公平的贸易做法“偷走”工作，让美国的工人除了贫穷和心痛之外一无所有。为了解决这个问题，他答应上台后将执行系列行动：

1. 对违规国家（主要是中国）实施高关税

特朗普确保我们将采取保护主义措施，将美国与不公平交易的国家隔离。具体来说，他威胁将对中国商品征收 45%的进口税。

2. 将中国标记为“货币操纵者”

虽然很少发生，但美国财政部长有象征性的权力将贸易伙伴标记为货币操纵者。如果对方从事不公平的货币行为以及与美国有很大的贸易顺差时，就会被标记。特朗普表示：“在我进入白宫办公室的第一天起，我会指示财政部长将中国标记为货币操纵国，他们将面临包括对其货物征收高昂税收的严重后果。”

3. 惩罚美国公司外包

但凡是利用当地专业和较便宜的劳动力在海外进行生产然后将产品进口回美国的美国公司，将面临对他们带回的货物征税35%的惩罚。

4. 离开或忽略世界贸易组织（WTO）

世界贸易组织是一个拥有162个成员国的国际机构，其任务是通过多边谈话和谈判促进自由和公平贸易，并对有争议的国家进行仲裁。特朗普表示，如果世贸组织对他激进的贸易政策做出不利的反应，他会忽略或离开世贸组织。他说：“我不知道为什么我们加入世贸组织或同意世贸组织做的决定，美国公民只受美国政府制定的法律限制，而不是外国政府或国际机构的裁决。”

以重要的财政政策促进经济

1. 增加政府支出以改善国家基础设施

特朗普承诺，他将监督全国道路、桥梁、隧道和机场的1万亿美元的升级，这将使“数百万人获得工作机会”，同时使美国的基础设施“首屈一指”。

2. 降低所有美国人的税负

特朗普承诺降低所有美国人——特别是中产阶级和企业的税率。此外，他表示要简化法律使得报税过程不那么烦琐。

松绑繁重的金融法律

《多德－弗兰克法案》是2008年危机之后颁布的旨在改善金融体系安全的主要法律。特朗普将该法案视为矫枉过正，并认为这使包括较小的银行在内的所有银行陷入僵局。尚不清楚他会如何替换掉该法案，假如他打算替换的话。

改革美联储

总统唐纳德·特朗普在竞选过程中抨击美联储和主席耶伦，称美联储过度政治化和追求有利于即将卸任的总统奥巴马的政策。特朗普也指责中央银行以低利率煽动了股市“肥大而丑陋的泡沫”。他一贯说，他会改革美联储，因为它“政治化且缺乏责任感”，并承诺：

- 支持取消美联储的部分权力的建议；
- 允许国会审计美联储的决策；
- 任命支持他增长政策观点的美联储主席；
- 在珍妮特·耶伦主席任期结束后，将她替换掉。

改善全民医保（即废除“奥巴马医保”）

前总统奥巴马与国会合作修改美国法律，通过个人健康保险市场以及通过雇主提供的计划向更多的美国人提供健康保险。新法律被称为“奥巴马医保”，特朗普希望彻底改变这个医保计划。

我之所以提到这一点，是因为某些变化如果最终颁布的话有可能拖累美国经济。

1. 如果提案导致工人害怕失去健康保险，那么劳动力市场的流动性可能会降低。

2. 如果提案导致许多人突然失去保险，家庭会将支出从自由支配的货物和服务转移到医疗保健。如果保费由于执行特朗普的建议而下降，那么会出现相反的情况。

作为执政者的政策

大多数美国人对政治和政治家的理解是沿着传统的政治轴线——左派与右派、自由主义者与保守主义者，或民主党人与共和党人。“全球主义与民族主义者”派别是将政客及其政策分类的另一种方式。

特朗普在被经济学家定义为“经济民族主义”的平台上竞选，企图纠正他所感受到的“经济全球主义”所犯下的错误。

让我们来看看吧。

反对经济全球化

瑞典新闻记者托马斯·拉尔森在他的著作《一场攀上顶峰的比赛：全球化的真实故事》（2001 年）给予全球化最佳定义：“世界越来越小、距离越来越短、事物越来越近的过程。它涉及世界一方的某个人越来越容易与世界另一方的某个人互动和互利互惠。”

所以，一个冷静明智的全球主义者可能会是：

1. 希望通过倡导促进世界各地人民、物资和资本自由流动的政策，为获得不同国家产品的公司和消费者提供一个全球市场。

2. 将全球竞争视为一种使公司更具竞争力的机制，从而降低价格，为消费者提供更多的就业机会。

3. 将自由贸易视为全球经济增长的主要动力。

特朗普首席顾问史蒂夫·班农认为，“全球化使美国的富人受益匪浅，但却让其他人都受难”。虽然这是一个夸大的说法，但是这种意识形态要求政府有强有力的领导，识别和解决不平等问题。例如，一些国内就业机会将转移到较低成本的国家，工人可能会面临来自威胁将就业机会出口的雇主的减薪要求。领导者必须及时识别和解决这些问题。

反对全球化，必定在本国经济发展上出现民族主义倾向，即执行贸易保护主义政策。

虽然存在不少对“经济民族主义”的定义，但我更倾向于 1993 年在经济期刊文章中的看到的简明描述：“在世界市场背景下创造、加强和保护国家经济的一个‘以我为先’的进程。这通常包括重点限制穿过一个国家边界的东西，包括与其他国家的货物和服务的交换。”

反观当下美国的经济和贸易政策，似乎正在朝着“经济民族主义”的方向越陷越深。熟悉特朗普的人都知道，他的想法与英国首相特蕾沙•梅以及法国总统候选人玛丽娜•勒庞（最终败选）的观点一致。

民族主义大爆发?

尽管国会、美联储以及许多经济学家，在认识并研究全球化上显得步伐迟缓，并被抛在很多人后面，但他们最终抽出时间来做了。不幸的是，过去 30 年里他们交出的答案只是“我们知道，但还没有能够解决问题”。

这就提出了为什么反全球化运动在 2016 年达到临界点的问题。民族主义运动高涨，在 2016 年中期助推英国离开欧盟（英国退欧全民公投），2016 年年底将特朗普推进白宫，以及法国右翼领袖人玛丽娜•勒庞竞选总统。

一个常被提到的原因是，这只是个时间问题，因为强烈而休眠的感觉在某个时刻爆炸的可能性会随着时间的推移而增加。当然这也起了作用。你的另一半是否曾经因为一些困扰他们很长时间的事情而对你不满，但他们刚刚才抽出时间来告诉你他们的不满？我敢肯定你知道这个现象，也许深有感触！

然而，最重要的驱动因素是2008年的全球危机及其后果。在美国，特朗普乘着因美联储造成公众不满的浪潮奔向了椭圆形办公室。在2008年可怕的危机之后，美国人连续10年处于低迷、生产力低下和低工资的经济状态。此外，太多的中央银行政策（如长期使用实验工具）可能无意中扩大了贫富差距。

民族主义运动将在美国和其他面临类似问题的国家继续推进，直到它用以下的建设性方式解决全球主义问题：

（1）增加那些受到不利影响的人的机会；

（2）尽可能减少未来不平等的可能性；

（3）确保未来的担忧得到确定并及时处理。

重要的是，我们达成这一目标所采取的行动必须在经济上合理，否则我们会把事情变得更糟。

新政府的经济团队

在我们了解总统的主要经济顾问之前，让我们快速分享一下关于在白宫工作的华尔街前高管的想法。

在特朗普的总统竞选过程中，他把自己当作不同于以前的领导人，他要做一个标新立异者。他不断地向他的基地——普通百姓选民表示，他的工作人员几乎不会包括来自纽约市的金融巨头，因为这些人对中产阶级缺乏了解。

关于高盛和华尔街的说明

他将对手希拉里·克林顿描画为一名被华尔街控制的精英。他的竞选广告猛烈地攻击像高盛CEO劳埃德·布兰克费恩这样的银行家，谴责他们在“全球权力结构”中扮演的角色。他喋喋不休地重复这个话题，我记得看到他的支持者在新泽西州的集会上举着“2016年——唐纳德·特朗普和高盛之间的选择”的标语牌。

你可能已经猜到发生了什么。填满特朗普团队的是不少于八名来自华尔街的高管，其中五名来自高盛。很多百姓选民对于特朗普打破了他的诺言感到愤怒，前方还有更多的愤怒将会来临。永远不要假设特朗普的话是真实的。大多数话都是经过精心设计以确保他胜利的，这又进一步膨胀了他已经很庞大的自我。

我并不担心华尔街在美国政治中的主导作用延续下去。但是，至关重要的是，被选择任职的人员：

（1）具有较强的业绩和高度的伦理史；

（2）为其分配的工作增加价值，这个工作可能比替代选择的工作更重大；

（3）具有把自己的财富放在一边来帮助美国的谦卑精神；

（4）有政治慧根（看上去并不是在帮助他们的朋友，不管事实是否如此）。

在共和党和民主党各方总统任期的历史上，高盛的人无处不在，已经有很多文件可以证明这点。他们为行政部门提供了比任何其他主要参与者更多的高级人才。为什么？因为他们拥有的人才比任何其他机构的人都要好。

他们有可能做得好。高盛前任首席执行官汉克·保尔森的这种身份转换就很成功。在危机期间，担任财政部长的他立刻置身于公共事务中。我认为他在金融危机期间以令人羡慕的方式表现了自己，从华尔街到政府部门的转型就应该是这样的。

经济团队

为了猜测性地评估特朗普总统的经济和监管政策，我研究了他最有影响力的经济顾问的背景，看看他们的政策偏好是怎样的。这些人将在椭圆形办公室对这些问题进行辩论。如上所述，有很多理由相信，这些政策中的很少部分会被颁布成为法律。

正如我预料的那样，他最亲密的顾问反映出他重视真实世界的成功——这是商人的偏好，而非置身中产阶级的学者派的偏好。

然而，令我感到惊讶的是，团队中的一些人——至少我所知道有一些与总统一样令人生畏、夸张和顽固的人，而不是围绕在他身边只敢说“是”的人。

我最担心的是这些重量级的大人物一起工作的能力，特别是在当他们的政策思想不同的情况下。他们大多数人都有“要么照我说的办，要么走人”的历史。我知道其中几个，无法想象当出现意见分歧时，他们中的任何一个会对另一个和自己一样自命不凡又高分贝的人有耐心。

特朗普是职业摔跤的超级粉丝，他似乎很享受观看，在某些情况下还激发他的员工登上特朗普舞台搏斗。然而，他的舞台还没有出现发生在那群富有而自我、几乎没有什么协作能力的男人间的小冲突。

当冲突发生的那天，我预期会看到鲜血和屠杀。

特朗普有明确的操作模式。他最终将终止战斗，并对挑起战斗的问题做出最后的决定。他所做的决定将是他最喜欢的人的观点——这个人通常是能够帮助他在未来涉及这个问题的比赛中成为“赢”的那个人。

好吧，让我们来看看那些向特朗普总统提供经济政策的主要人士。

史蒂夫·班农

◆头衔：首席策略师和资深参赞

◆对特朗普的影响：前期很大，但此后可能会减弱

◆背景

班农是一个民族主义者。他曾担任特朗普总统竞选执行主席和布莱特巴特新闻（一家保守的新闻机构）总裁。他还曾担任政府责任研究所的执行主席兼联合创始人，该小组旨在揭露政府腐败现象。

班农曾获得乔治城大学国家安全研究硕士学位和哈佛大学 MBA 学位，曾担任高盛的投资银行家。班农在媒体界的职业生涯从他离开高盛成立一家以媒体为中心的对冲基金开始。班农也撰写和制作了一些电影，一般以反映其保守价值观为主题。

在班农的职业生涯中，我曾多次和他有过交谈。他在华尔街工作的时候，以及在准备即将推出以媒体为中心的对冲基金的时候，我们都有过照面。

很多年来我脑海里对他的印象都保持在最初的那样——一个亲切而聪明的单身汉（没有一个妻子会让她的丈夫如此不修边幅就出门的），只是这个有很强幽默感的单身汉咖啡喝得太多，并且持有通常为非主流的激烈观点。此外，他喜欢征求他人对自己边缘想法的意见，并会认真聆听并仔细地回应你的想法。偶尔他会看上去像个笨拙的二手车卖家，说一些“我知道你比我知道的多多了”或者“我可以在几件事情上请教你宝贵的意见吗”之类的话。

在幕后，可能又是另一番模样。虽然他以前的许多工作人员都很喜欢他，认为他善良而仁慈，但少数人——像他以前的一个编辑向我描述的这样，认为他是“一个有仇恨心的、令人讨厌的家伙，因辱骂所谓的朋友和有威胁的敌人而臭名昭著。班农是特朗普的一个更聪明的版本：

他是一个积极的自我推销者，以贬低别人来提高自己的个人地位，争取更大牌的人的支持，然后把那些更大牌的人当作他踩着登上下一个目的地的凳子”。

◆影响力

在竞选的早期，一些媒体专家利用史蒂夫的外表作为一个因素来预测他对衣冠楚楚的特朗普的影响。班农经常给人中年发福、头发蓬乱、胡须邋遢的形象，而且看上去似乎前晚上穿着身上这套衣服睡觉似的。

正如你们已经知道的那样，他们错了，因为总统看世界的方式（谁能最好地帮助我获胜？）不同于大多数人。事实上，记者们很快将班农外表的变量从他们的影响力方程中删除了。

班农设计了特朗普的民族主义竞选活动说辞，并撰写了总统的民族主义者就职演说。通过用特朗普能想象从自己口中说出的话来沟通，他有诀窍满足总统的自我膨胀，并获得以自我为中心的特朗普的政策认同。

在特朗普担任总统职务早期，他仍然很具有影响力，但我预期他的影响力会逐渐减少。

在一段时间里，特朗普给班农在美国国家安全委员会（NSC）安排了职位，该政府部门负责处理美国最秘密的全球安全问题。国家安全委员会一直由有军事和地缘政治事务背景广泛的人组成。但班农没有这两者中的任何一种背景。

特朗普圈子内部的一些人，因为这一举动而感到非常不安，并且威胁要退出，因为这个任命表明了班农的影响力在不断扩大。特朗普利用其算计本事，将他的“快乐团队”保持在一起。与许多高管一样，特朗普也依赖工作人员向他介绍他没有时间阅读的文件。总统向新闻界泄露了一个虚构的故事，他对“工作人员简报的质量感到非常不高兴”，因为在他执行命令之前没有通知他有关任命的内容，其中包括一系列人事变动。我对此的相信程度为 0。

威尔伯•罗斯

◆头衔：商务部长

◆对特朗普的影响：非常高

◆背景

罗斯是一名79岁的哈佛商学院的亿万富翁毕业生，是总统特朗普交往了25年的好朋友。他在我的哥伦比亚商学院课上讲课之后，我开始把他称为“BK”，因为他对于在破产（BK）法庭廉价购买陷入困境的公司而后卖掉赚进数十亿美元的利润相当在行。

他是WL罗斯公司的前董事长兼首席战略官，拥有超过55年的投资银行和私募股权经验。罗斯在航空、服装、汽车零部件、银行、饮料、化工、信用卡、电力、食品服务、家具、石膏、住宅、保险、海运、抵押贷款发起和服务、石油和天然气、轨道车辆制造和租赁、房地产、餐馆、造船厂、钢铁、纺织和卡车行业等方面重组了超过4000亿美元的资产。他曾任二十多个国家的百余家公司董事长或主任，“彭博市场”将其评为全球金融业最具影响力的人物之一，这位新上任的商务部长是世界上唯一一个被选为私募股权名人堂和破产重整管理名人堂的人士。

我曾经拜访过罗斯先生好几次，有一次是在纽约市上东区的午餐厅，当我第一次见到他，我对他的外表感到非常惊讶。他看上去是一个苍白的老人，穿着奇怪，身材矮小，安静而虚弱，他可能比他目前的老板轻了 100 来磅（约 45 公斤），站直了可能就到总统上臂处。

但是，在他开始发言之后，我意识到我的第一印象离真相好远。虽然罗斯说话的时候不是很带感情，而且似乎有点古怪，但他表现出超常的智慧、见识与幽默感，同时非常自信。他完全不是我最初以为的那类易被劝服的人。

谈到商务部长的自信，他穿着一件 5000 美元的西装和紫色的卧室拖鞋上了总统特朗普首次国情咨文的全球直播。美国媒体对他的紫色拖鞋穷追不舍，有人质疑罗斯太老了，不能在内阁里服役。

当一名记者报道说他的拖鞋是手工制作的，而且价格接近 1000 美元时，自由媒体和美国百姓都疯了。我记得看到许多有趣的网络评论，包括“他头上没有撒玫瑰花瓣吗”，“是的，他就要为煤矿工人重新找到工作了”，“别去烦那家伙了，人家又老又有钱……而且他的脚很疼，又过了平时睡觉时间好不好！”，“嘿，他真的像我们一样——他也买不起鞋子”。

可怜的罗斯，他讨厌聚光灯。给可怜的罗斯先生的提醒：下次记得穿黑色的鞋。

◆政策偏好

在参议院听证会期间，罗斯表示，政府将追求——用我们的术语来说——当代全球化。听一听吧——这对我来说是悦耳的音乐。

“我支持合理的贸易，我的意思是说，我乐意与任何遵守确保公平竞争原则的国家自由贸易。简而言之，我们需要通过鼓励犯规者停止作弊来解决对美国的不公平现象。这样做有助于经济发展，并消除对制造业工人的伤害。”

“美国公司可以在公平竞争中进行竞争，但有时候战斗是片面的——我们需要解决这个问题。”

“我向你保证——我们会小心谨慎。与中国这样的一个国家发动一场全面的贸易战争，不符合美国的最大利益。”

◆影响力

鉴于他的年龄，我不知道罗斯会为总统服务多久。不过，他在任期内会非常有影响力。此外，他的角色给团队的其他一些人增添了一丝平稳和成熟感。

正如我前面所说的，特朗普往往倾向于对他忠诚且不刺破他膨胀的自我的人。威尔伯·罗斯符合此标准，他已经是特朗普25年的好朋友了。此外，在1990年，“破产之王”将他的注意力转移到一个名叫唐纳德·特朗普的问题资产上，并将他从一个糟糕的赌场交易中拯救出来。此外，罗斯强烈地倾向于不要出现在聚光灯下。

我相信罗斯将带领总统追求当代全球化。这是正确的贸易政策，罗斯是一个负责其奠基的很好的选择。他是一位经验丰富和公平的谈判代表，我希望特朗普能给他松绑，修复目前已经过时了的全球化政策。

此外，总统如果在大多数发生在罗斯专长领域内的事情上，利用罗斯的角色实现与国会的高度相互尊重，那会是明智的做法。一个政策最终成为法律的原因有很大一部分在于与立法者们进行有效的合作——比如，不要惹怒立法者们，正如特朗普团队其他成员可能会做的那样。罗斯是精明、柔和、有经验的专业人士。

盖瑞·柯恩

◆头衔：白宫经济委员会主席

◆对特朗普的影响：高，并会随着时间的推移而增加

◆背景

柯恩直接从高盛的最高管理层出来，自 2006 年以来一直担任总裁兼首席运营官。在华尔街上，他被公认为高盛首席执行官劳埃德·布兰克费恩的粗暴而令人生畏的亲信。我知道在柯恩手下工作的两名高盛员工，他们都表示他在工作之外是一个非常好的人，但一到公司就变成一个极为发愤图强的、傲慢的工作狂，他的工作人员备受折磨，称他为“布兰克费恩的地狱总参谋长”。

我回想 2008 年 9 月份那个漫长而沉闷的周末，华尔街的高管和政府官员在纽约联储会议上商议试图拯救雷曼兄弟。柯恩也在会上，他是一个非常有趣、傲慢、有着现实世界的聪明和志在必得的人，看上去有些令人生畏——他的体形更像是退役了的职业美式足球运动员，而不是典型的华尔街执行官。在那个悲惨的周末，他给我留下了一个印象：他更像是一个街头战斗的“参谋长”，而不是一个聪明而思想深刻的政策研究专家。

◆政策偏好

柯恩的政策偏好将反映特朗普总统的意图，特别是在早期，当他试图在椭圆形办公室内建立影响力的时候。他本性上不是有坚定的政治信念的人，但他很快就会建立一些政治信念以得到总统的支持。

我预计，柯恩将作为金融监管改革的重点人物之一，他将领导或重要地参与诸如此类目标：

- 制定一个更有效率和更少负担的金融监管框架；
- 改善《多德－弗兰克法案》；
- 审查有秩序的机构清算（拆分大银行）的需要和触发因素；
- 审查是否需要更新《格拉斯－斯蒂格尔法案》。

柯恩是个可以留用的人。虽然我们还没有看到或听说过此类的报道，但根据柯恩和班农的领导风格、实用主义水平和政策观点来看，我预计他俩之间将会有一些重大的内斗。柯恩的影响力可能会随着时间的推移而增加，这是以班农为代价而实现的，班农的极端观点将很容易使他成为一些人批评的目标，包括经济圈中的一些人、国会中的很多人，还有一个很重要的人——特朗普的女儿伊万卡。

我不认为他们在2017年年末以后还能仍然留在同一个经济团队里。其中一个人会因为干掉另一人而辞职或被捕。正如我所提到的，我预计史蒂夫·班农会是先离开的那一个。

◆影响力

谈谈我对柯恩的最后一点想法。如果特朗普最终得出结论，柯恩作为总统参谋长可以通过将他那6.2英尺高（约189厘米）220磅重（约200斤）的身躯守在椭圆形办公室的入口来大大地“帮助特朗普获胜”，我根本不会感到惊讶。这个职位非常适合柯恩的技能，参谋长是否有效对总统的成功来说很重要。

特朗普奖励忠诚之士，并选出前共和党全国委员会主席作为他最初的首席参谋长。远远看过去，他的存在感似乎很弱，有些不堪重负。一名参谋长通常具有强大、令人生畏和坚定的性格——如柯恩那般。

如果将来总统洗牌士兵的时候看到科恩被任命为“参谋长”，别感到惊讶。

史蒂夫·努钦

◆头衔：财政部部长

◆对特朗普的影响：低

◆背景

54岁的努钦毕业于耶鲁大学，在投资银行高盛开始自己的职业生涯。他在高盛工作了17年，其父亲也是高盛的银行家。努钦在担任首席信息官之前从事抵押贷款、政府债券和市政证券方面的工作。

离开高盛后，他创立了对冲基金沙丘资本管理公司。2008年金融危机时，他和一批投资者收购了破产后的抵押贷款商Indy Mac。他成为新银行One West的董事长兼首席执行官。由于受到对银行的止赎做法的投诉，在One West的任职期成为他在听证会上最大的争议来源之一。2015年，One West与另一家银行CIT合并。

努钦也因是电影融资公司Rat Pac-沙丘娱乐的创始人，而在好莱坞有些名气。他多年来一直帮助资助的电影包括《阿凡达》《美国狙击手》和《疯狂马克斯：愤怒之路》。

在竞选活动早期，努钦希望有一个可见的白宫职位。据报道，他被所有领先的候选人都拒绝了，最终只有选择加入特朗普帮派。当时正在从自己的资金转移到建立一个更传统的筹款工具的候选人特朗普，希望能有一个和有钱人有关系网的人来筹集资金，于是任命了努钦。一位竞选工作人员表示，他是一个奇怪的人，似乎不适应任何社交情境，是特朗普的顶级马屁精。

在所有特朗普的任命中，这个任命最令我困扰。为什么？因为他没有通过最基本的道德鉴别试验。

在他的国会听证会上，努钦对包括老人在内的家庭住房赎回权的偏好受到强烈质疑，他本来可以选择修改贷款以允许借款人留在自己的住房里。努钦说得没错，他所做的一切都在美国法律的框架之内。

但是，为什么抵押贷款持有人不想以较低付款的方式修改违约贷款呢？毕竟，这将远远低于屋主被强行拖出住房的止赎的成本，也有助于美国百姓能够留在自己家中。

努钦知道这个问题的答案，它是我认为可以使得屋主及家人能够继续待在住房里的抵押贷款重组的唯一最大障碍的核心：华尔街的贪婪。

华尔街价值高达数亿美元的大型AAA债券持有人强烈偏好止赎权而不是修改贷款，是由于证券化一般构成如下：

1. 违约抵押对证券化AAA部分的所有者没有影响——你可以把它想象为高级份额证券；整个损失由初级份额证券所吸收；

2. 贷款修改对证券化池中的所有投资者产生了负面影响，这意味着每个人的收入都有所下降，包括高级份额证券的拥有者。

强大的华尔街拥有数十亿美元的AAA住房抵押贷款支持证券，并受到止赎权的帮助。谢谢你的帮忙，努钦。

◆政策偏好

努钦的政策偏好将完全反映总统的选择——他就是个超级马屁精。

◆影响力

特朗普雇佣努钦是出于他的忠诚——努钦很早就公开表示支持特朗普做总统。总统很容易就识别出哪些士兵爱拍马屁，他们到时候可以作为替罪羊，财政部长也确实符合这个需要。

他对特朗普没有影响力。如果特朗普在任何主要任务上将他命名为重要人物——例如修改税法——你可以指望他无法交出满意的答卷，那也很可能是他最后的主要任务。

事实上，我预期努钦作为财政部长的时间不会太长。

彼得•纳瓦罗

◆头衔：全国贸易委员会主席

◆对特朗普的影响：低

◆背景

从哈佛大学获得经济学博士学位毕业后，纳瓦罗没能在一流大学或机构任职。他被迫接受了政府中的几个低级分析师的职位，然后接受了加州大学尔湾分校的低层工作并在那里工作了20年。此后，他加盟了特朗普的团队。在尔湾分校的时候，因为他没在专业期刊上发表任何作品，所以学校就同意把他写的一系列反华的民族主义书籍和发表的演讲纳入考核标准里（替代一般所需要完成的论文和其他考核标准）。这种情况在顶级学校是前所未见的。

特朗普在任命纳瓦罗时说："我在几年前阅读了彼得的一本关于美国贸易问题的书，并对他的论点的清晰性和彻底的研究印象深刻。他预先描述了全球化对美国工人造成的危害，并为恢复中产阶级的地位铺平了道路。他将作为贸易顾问在我的行政管理中发挥重要作用。"

我很高兴唐纳德•特朗普对这个家伙印象深刻，因为我从来没有过。我曾阅读或快速浏览了许多他的荒谬作品，在其中他不仅杜撰了根本不存在的问题，而且还提出了绝对没有经济基础的解决方案。

◆政策偏好

纳瓦罗博士的政策可以归结为愚钝和反华。

我在2016年阅读了纳瓦罗撰写的专栏文章。他认为，当我们大幅度降低中国的进口时，我们的经济增长将会飞跃。同样地，纳瓦罗多次表达了这样的想法："认为贸易逆差是个问题的经济观点：首先是观察到实际GDP的增长仅取决于消费、商业投资、政府支出和净出口四个因素。随着我们大幅度减少贸易逆差，你将看到美国经济增长率急剧上升。"然而，纳瓦罗将国民生产总值的四大类驱动因素与美国国内产量买家的身份定义的四大类别相混淆了。

从某个神秘的 GDP 增长方程中引用这些作为驱动因素是一个傻瓜才会干的事，一个哈佛博士经济学家不应该会这样。

让我详细说明一下原因。

简而言之，我们的输出（Y）是它们买家的总和：

（1）美国——个人消费（C）、企业投资（I）、政府采购（G）；

（2）外国——购买我们的出口（X）；

纳瓦罗公式：美国产出（GDP）= 消费（C）+ 投资（I）+ 采购（G）+ 出口（X）。

但是，美国的消费、投资和政府采购是从国内生产商和国外生产商进口的商品和服务的总购买量。由于我们还要购买进口的商品和服务，我们不能把它们当作是美国的产出，而是要把它们从这个方程式中抽出来。纳瓦罗显然忽略了进口（M）。

正常公式：美国产出（GDP）= 消费（C）+ 投资（I）+ 采购（G）+ 出口（X）- 进口（M）。

这绝对不是一个神奇的 GDP 增长公式。事实上，这四个因素是以复杂的方式相互关联的，因此增加一个因素可能很容易地会导致另一个因素的降低。

上述“购买我们生产的商品和服务的人”的身份定义，是任何在大学阶段进修过基础经济学课程的人都熟悉的，但是如果你在大学课上睡着了的话就另当别论。我来给你提供一个简单的例子。假设我进了一家纽约市的电子商店，购买了我一直梦想的电视机——一款在中国完美制造的高分辨率、超高清晰度的 85 英寸 4K 电视机。虽然因为我花钱买了一件物品，我的购买增加了美国的消费（C），但这件物品并不是在美国制造的，它是进口的（M）。因此，我们必须从 GDP（即美国生产的价值）中减去其价值。

纳瓦罗的假设与事实相反。月复一月，季复一季，年复一年——贸易逆差和国内生产总值一同起伏。2008—2009 年，在经济衰退的低谷期间，出现了历史上最大的年度贸易逆差下降幅度。1999—2000 年，出现了贸易赤字年度最大增幅，当时经济增长达到了 4.7%，是过去 33 年来最强劲的年度经济增长。美国过去连续 41 年出现贸易逆差——而美国经济规模实际增长了三倍，实际制造业增加值翻了两番，经济中就业人数几乎翻了一番。

然而，纳瓦罗的愚蠢言论并不止于此，他在竞选活动中还多次发表反华言论，以此博取眼球。

正如我之前所讨论的那样，现在是美国以尊重全球经济实力的态度来对待中国的时候了。

◆影响力

如果特朗普不能嗅出这个人的疯狂，盖瑞·柯恩会在几秒钟之内就嗅出的。关于柯恩对特朗普政府的影响力将很快上升的预测，对于彼得·纳瓦罗来说可不是什么好消息。我想，这位哈佛博士将被迅速排挤到边缘，抛出圈外，到时候他会有充足的时间去写他的另类小说。

可能的政策变动

很多人认为，许多特朗普政策将被颁布成为法律，因为他所在的政党（共和党）在国会中占多数。对此，我非常不同意，我认为他的政策要获得国会通过，并不容易。

1. 总统的政党确实在国会中占多数。然而，超过 85% 的国会议员将在 2018 年 11 月面临连任选举。除非特朗普以正面之风赢得国内全面的支持——我相信他不太可能——他一开始获得的强大的国会支持将会减弱。这是因为共和党议员可能会与总统保持距离，以取悦他们的选民，因为他们要想连任就需要这些选票。

2. 他会发现华盛顿框架不像他熟悉的企业框架那样容易操纵。此外，因为他和他的工作人员以前都没有当选官员的经验，他们可能会在学习过程中犯错误。美国可能会在短时间内给他一点儿学习的空间，但会检查他对“学习机会”的反应如何。例如，他是会责怪和解雇别人，还是利用它作为调整未来方法的机会？

3. 他肯定会在对待核心选民很重要的问题上出尔反尔，这些人把自己的信仰寄托在他的“让美国再度伟大”的口号上。他会转而支持他认为可以获胜的问题，以及还没有认识到总统只会说一些让他有优势的话的人——有时那些话是编造出来的，有时那些话是认真的，但不是确凿的，需要时会撤回再寻找其他的字词。

4. 特朗普的竞选宣称需要企业和政府文化的冲突来解决生产力低下混乱的华盛顿。他大胆地放言，承诺将其推翻拆除，并按照他认为合适的方式改造它。

这些都不利于与国会的有效互动，我预期在总统任期内我们将看到相当多的美国国内政治动乱。

对金融监管的改变

对美联储的态度

正如本书在很多章节所讨论的那样，美联储已经落后于时代，需要进行彻底改革。诺贝尔经济学奖得主约翰·纳什[①] 曾说：“经济学有很多的趋势。那些现在看起来很时尚并被普遍接受的意见，在20年后可能会大不相同。”不幸的是，目前美联储的“老警卫”角色迟迟不承认自己做法的失败，也不考虑先进的新方法。

在很多场合，特朗普总统都多次对美联储表示：“他们不是选出来的人。他们可能有最好的意图和最好的教育背景。但他们对人民不负责任。我对此很困扰。”

---

① 约翰·纳什（生于1928年），美国著名经济学家、博弈论创始人、《美丽心灵》男主角原型。他曾担任过麻省理工学院助教，后任普林斯顿大学数学系教授，主要研究博弈论、微分几何学和偏微分方程。他与另外两位数学家获得1994年诺贝尔经济学奖。代表作有论文《关于非合作博弈的均衡》《实代数流形》等。

总统将通过任命美联储的领导人来最有效地影响美联储。对于这些职位的人选，应该来自于那些聪明的、务实的、开明的和优秀的、小而独特的美联储高级官员群体。经过对多年来与我接触过的几百个人的一番长长的思考，在我的心目中，只有堪萨斯城现任联邦储备银行行长埃斯特·乔治（Esther George）的名字浮现在脑海，此外还有现任斯坦福大学研究员凯文·沃尔什（Kevin Warsh），他可以排在第二位，但距离第一位很远。这确实是一个小群体啊！

美联储的结构

美联储体系由两部分组成。一个是位于华盛顿特区美联储总部的理事会。它由 7 位由总统提名并经参议院通过的高级官员组成，他们也就是我们所说的“美联储理事”。他们每人可以完成 14 年的任期，尽管很多人可能早早离职，因为他们可以在私营部门赚到高得多的薪水。总统提名 7 位理事中的 2 位分别担任美联储主席和美联储副主席。主席任期为 4 年，但可由总统重新提名延期。在 2014—2017 年的大部分时间里，珍妮特·耶伦担任美联储主席，斯坦利·费舍尔担任副主席。不过，费舍尔出于家庭和健康原因在 2017 年 10 月提前退休，连理事也退了。

美联储的另一个部分是它的 12 个区域联储银行，以确保美国所有地区在美联储的货币政策桌上都有发言权。它由全美 12 家联邦储备银行行长（也称主席）组成。各银行董事会挑选其行长，并由美联储理事会批准。每位行长任期都是 5 年，可以无限期地更新，美国总统和国会不参与这个进程。

美国联邦公开市场委员会（FOMC）是由以上这两部分组成的美联储体系的货币决策机构。联邦公开市场委员会由 12 名成员组成（详见本书 19 页注释），每年召开大约 8 次例会。

独特的提名机会

美联储 7 位理事每人任期 14 年，按照《联邦储备法案》，他们并不同时换届，但每隔 2 年就更换一些理事。这是为了确保在每一届总统任期内，总统只能提名 2 位理事，使中央银行免于受迫政治压力，这样就不会使得任何政府对货币政策产生太大的影响。

然而，如前所述，由于私人部门的薪酬要高得多，很少有理事担任满 14 年的任期，很多人会提前辞职。此外，总统和国会在填补除最重要的主席和副主席以外的职位方面进展缓慢。

最后，共和党及民主两党党派斗争也拖延了这个进程。在 2014 年共和党控制参议院之后，他们成功推迟了奥巴马提名的 2 位理事候选人席位，直到共和党总统当选。这些因素与费舍尔的提前退休和耶伦主席的任期届满相结合，将使特朗普有机会在任职的前两年填补 5 位理事会成员的空缺。

大多数人认为特朗普影响金融市场变化的能力很弱，因为他没有能力通过正常的国会立法渠道来完成事情。然而，他们错了。根据我的判断，特朗普通过在短期内填补包括主席和副主席职位在内的许多理事职位空缺，从而将掌握本应是一个独立机构的美联储的权力被大大地低估了。

我有把握地预测，许多特朗普的任命将反映他以前的选择——只满足最低限度先决条件的华尔街的“肥猫”，尤其是在重要的主席和副主席职位上。那些永远不会不同意他的人，正是填补美联储关键职位的最糟糕人选。

职位任命

总统影响金融监管最有效的办法，就是任命一个手持符合他所期望的微观变化的宏观精神的指挥棒的监管者。换句话说，改变监管者而非监管规定往往更有效率。

通常情况下，总统在这方面的机会是很少的。但是，特朗普政府基本上在任命人选方面像中了彩票，因为有几个现任职位空缺以及几个关键人选的任期在新政府第一年到期。

由于他将有一些双党派的支持，同时鉴于当前令人沮丧的经济状况，我预计特朗普将率先对美联储做出一些改变。以下是我预期的变化：

• 政府责任局（GAO）将每两年对美联储进行审计。范围很可能包括其资产负债表、联邦公开市场委员会会议、政策辩论、公开市场操作、信贷扩展以及与外国中央银行的互动。

• 美联储对优先的经济部门分配信贷的权力将受到限制。

• 使小型金融机构承压的小规模危机后，立法可能会出现小幅回落。

按照惯例，特朗普已经填补了财政部长的职位。不过，总统还将能够填补货币主计长办公室（OCC）和联邦存款保险公司（FDIC）的领导人，他们的任期在特朗普任期第一年到期。此外，还包括由《多德－弗兰克法案》授权的监督副主席要填补（此前从未填补，参见202页第5条）。在银行业监督之外，美国证券交易委员会（SEC）和美国商品期货交易委员会（CFTC）也将在2017年换成特朗普的选择。

（最新消息）2017年11月，特朗普提名现任理事杰罗姆·鲍威尔（Jerome Powell）取代珍妮特·耶伦成为美联储主席。这一提名已经得到参议院通过，鲍威尔将在2018年2月上任。届时，他将成为美联储历史上最富有的主席（遥遥领先于第二名），其资产估计接近1亿美元，因为他的职业生涯大部分在投资银行和私募股权。鲍威尔不仅是第一位领导美联储的投资银行家，而且还将成为第一位在半个世纪内作为非经济学家而掌管中央银行的人。他是普林斯顿大学本科生、乔治敦大学的学者。

我熟悉衣着华丽、仪表堂堂的鲍威尔。他非常亲切，但绝对缺乏威望。我开玩笑地设想一个本应5分钟结束的FOMC专题讨论，最终却持续了数小时也没有结论，因为他不想冒犯任何人，所以迟迟没有勇气进入到下一个专题的讨论。老实说，我认为他是耶伦主席的一个富有而亲切的追随者。我预计美联储的总体方向将会发生的变化非常微小。他属于中间派，对银行的态度可能会不那么强硬，并比耶伦稍微鹰派一些。白宫内部的一位消息人士告诉我，特朗普的团队其实非常想要重新任命耶伦，但总统认为如果他这样做，大家会觉得他“软弱”，因为他此前经常批评她，并多次扬言要撤换她。于是，他任命了一个男性、共和党的耶伦版本，他可能更容易接受特朗普的偏好。

理事——也许吧。副主席——不。主席——你在开玩笑吗？

杰罗姆•鲍威尔

监管变更

金融危机导致的金融监管浪潮过高，我目睹了这一点。为了及时通过一些法案以限制另外一场潜在的类似 2008 年危机的发生，小型监管机构、华盛顿的不同政治观点的团体和美联储之间都做了不少谈判。哦，还有那些大银行游说客。

我们所得到的是长达 2500 页晦涩难懂的文字，它被称为《多德－弗兰克华尔街改革和消费者保护法案》（简称《多德－弗兰克法案》）。尽管最初的意图是好的，但结果并不理想。它之所以有如此宏伟的规模就是试图让所有有关各方都开心。

例如，所谓的“沃尔克规则”是由前主席提出的一个 3 页的文件，以遏制银行的风险承担，从而避免纳税人今后对这种导致金融风险和最终救助的鲁莽投机负责。在《多德－弗兰克法案》颁布之时，这条规则已经增加到近 300 页的令人困惑的文字。

各种规模的机构监管负担和成本急剧增加，需要在必要时进行审查和消除或修改。《多德－弗兰克法案》不会被废除，尽管将会实施一些回调。

我不预计会针对大型系统性重要机构的规则进行大量回调。公众和国会对华尔街金融危机救助有着深刻的印象，没有什么重要的人被定罪违反法律，他们很快就回到有非常高的管理薪酬奖金和持续的奢华生活中——所有这一切都发生在普通百姓在低迷的经济中以最少的工资上涨在苟且营生的同时。

我们可能会看到对“系统性重要”的定义做出更新，以反映银行的风险，这可能与其整体规模有很大的不同。此外，修改法律使金融机构而不是监管机构永远与他们的选择挂钩，包括不好的选择（比如，不再会有纾困）。

相比之下，我预计将向多家小型银行提供更多的救济金，在《多德－

弗兰克法案》之后，他们面临合规成本的大幅增加。这些成本包括新的合规人员聘用、更多地依赖外部合规专家、分配给合规的额外资源以及非合规雇员在合规问题上花费更多的时间。对社区银行施加的监管浪潮是他们决定出售给大型银行的巨大动力。较小的银行没有足够的人员和知识去了解所有新规则、培训员工和测试合规性。

财政政策的变化

我们不只是需要工作——我们需要生产力高的工作。

基础的财政政策

我预计特朗普会向国会提出执行一项法令，将 200 亿～ 4000 亿美元用于改善国家基础设施——对公路、桥梁和隧道进行投资。这是他应该能够与他的对手达成共识的事情。事实上，他在上任后第一天并没有提出一项拟议的法案供国会开始谈判，我对此非常惊讶。此外，我也预期小幅度的企业减税和适度的个人减税（2017 年 12 月特朗普的税改方案获得了美国参、众两院通过——编辑注）。

持续性的财政政策

“我是推动万亿美元基础设施计划的人。世界各地的负利率是重建一切的最好机会。我们会提出这样做，看看国会是否会批准。此外，商业减税将促使他们雇用更多的工人——经济将很快蓬勃发展起来。这一切都是关乎就业。”

如你所知，总统的团队中没有受人尊重的经济学家，因为相对于学术上出色的博士的建议，他更喜欢高度成功的“现实世界”的商人。不过，如果特朗普有一个那样的经济学家的话，他肯定会告诉特朗普，就业和减税可能会短期地促进经济增长，但我们的生活水平的持续增长需要一项会产生更高生产力和长期持续的工作的财政政策。

美国经济继续混乱，生产力低下，限制了总统正在寻求的收入增长。几个高科技产业显示出非常强劲的生产力的火花，但这些领域太小，无法影响经济的整体生产力。此外，它们的创新一直以很缓慢的速度扩展到代表了绝大多数经济体的更大而生产率较低的行业。信息技术领域正在发生变革性创新，其他领域则没有看到这种变革性创新。

此外，我建议总统的财政政策含有以下目标：

1. 为越来越多的生产力更先进的行业投资或提供奖励，以寻求更好的技术和实践来推动进步。

2. 投资或应用激励措施，使巨大而低效的行业利用技术创新。这方面的政策应广泛寻求加快技术进步，提升落后产业，如通过投资数字化来实现，正如卫生和教育行业正在发生的那样。此外，应当实行政策，引导劳动者以符合行业技术趋势的方式提升技能。

3. 改善基础设施、更好的教育——更为长期的影响、更多地鼓励私人投资和更有效的监管等可以在促进生产率的快速增长和生活水平的快速增长方面发挥一定的作用。

由于美联储已经没有什么经济刺激的子弹了，这就需要总统特朗普实行一项经过深思熟虑的财政政策，来创造可持续的生产力提高。

不幸的是，我很确定特朗普将坚持用他“一切关乎就业”的方式改善经济，这可能给经济带来很短期的促进。然而，除此之外，财政任务将给已经很危险的经济带来额外的下行压力，进一步削弱我们的全球经济实力。此外，任何使用民族主义政策来实现他的误导性的总体目标的做法都增加了特朗普经济风险。

此外，总统的言辞也带来了国际政治动荡的巨大风险。问题是程度多大以及是否将会——结合美联储的实验性货币政策带来的风险——这有可能导致美国经济的崩溃。

经济和贸易政策的修订

特朗普可能会追求我之前所说的“当代全球主义”。我预计是对他主观上认为不公平的贸易伙伴施加相对较小但非常象征性的保护主义措施。这些国家可能会以同样的方式进行报复，双方可能会采取的小措施将不过是虚张声势罢了。

要知道，美国经济处于重要的十字路口。货币政策已经拿不出什么武器用来刺激经济增长了，这使得财政政策将起到带头作用。理想情况下，我们在实施财政政策之前，应该将美联储过度的调节从市场上清除出来，以确定和处理与经济有关的任何结构性问题。但是，正如我们之前讨论的那样，这不太可能发生。

经济民族主义——一种无知的促进经济方法

根据威尔伯·罗斯的影响，以及我对经济各种评论的解释，我认为总统不可能试图通过从贸易伙伴那儿夺回来的方式来创造就业机会。

如果我误解了罗斯或特朗普设法使相关国家就范，以让我们的制造业就业回归美国的做法，这可能对美国有利；但是，我判断这将是一场灾难性的错误。让我来解释。

特朗普总统不会把制造业工作带回美国的根本原因，是因为没有任何地方可以安置这些带回来的绝大多数的工作。请重读前一句。

你可能会想：“超过 100 万个制造业的就业机会就这样消失在微薄的空气中了吗，美联储先生？”这个问题是非常合乎逻辑的，答案请见下面的分解。

• 近期受到高度评价的美联储研究表明，如今工厂的产量是 20 世纪 80 年代中期的两倍。

• 一份独立的2015年报告指出，1980年，需要25个工作岗位才能产出100万美元的制造业产量，现在只需要6.5个工作岗位。

• 2016年，美国制造业产值创历史新高。

• 过去25年来，制造业已经失去了近1000万个就业机会。

我们的产出有所增加，而我们的工人人数却下降了，制造业变得更加高效了。事实上，许多研究——包括我自己的研究表明，我们失去的制造业就业机会中有八成是由于改进的生产技术而蒸发了的。

尽管特朗普的言辞经常拥有听众，但没有一个国家“偷走了”1000万个美国的制造业岗位。不是中国、马来西亚或印度尼西亚，也不是泰国、越南或印度。由于技术的提升，约有200万个美国制造业就业机会消失了，可能在上述国家被发现。

惩罚所谓的“小偷国家”，将进一步挫败美国经济

理论很基础——民族主义经济政策将增加制造成本，进一步降低制造业就业。我们将伤害我们希望帮助的那群人！

以前因为价格优势而外包工作或进口配件和设备的公司将面临巨大的生产成本。面对生产成本的增加，他们将面临着你能从微观经济学基础课上学到的三个回应的选择。当然，需求敏感度等问题都是因素，但让我们保持在基础层面。

1. 将成本转移给消费者？不，不管美国人如何回应假设的调查问题，美国人一般都不愿意为购买美国制造的物品而支付更多的费用。研究表明，一小部分消费者可能愿意支付更多的费用，但是只有当他们不是必须得等到发工资时才有钱消费或是超出的价格部分只是一点点的时候。在今天经济不景气的情况下，一家企业无法将更高的生产成本转嫁给这部分人。

2. 吸收更高的成本？不太可能。公司渴望改进了的而不是更糟糕

的利润，利润已经被部分成本增加所削弱。上市公司渴望以更高的收益形式获得股东的认可，从而改善股票价格和 / 或股息。

3. 降低生产成本？最有可能。由于其他选择不够理想，这是可能的结果。在生产成本的各个层次上，企业都会选择最大化产出的投入组合。这要怎么实现呢？很显然，公司有可能用机器和其他自动化替代更昂贵的工人。

带回制造业工作，是不明智的

在竞选活动中，特朗普经常发出类似的抨击："我们将收回数百万被盗的制造业工作。""看看美国经济——增长仅为 1% ～ 2%，而中国增长率为 6%！这将会改变的，你们要相信我，情况会改变的。"

特朗普的追求可能会改变我们经济的表现，但对照中国制造业的发展，这种追求有可能导致经济与他期望的相反的方向发展。

中国计划及扮演的角色

我多次回顾了中国最近的几个五年计划，有些部分很引人注目。

• 这个再次崛起的世界经济大国曾经伟大的制造业优势消失了，因为其他国家目前的生产成本相当于或低于中国的成本。

• 为确保持续繁荣，其领导者明智地打算将产出构成从低端制造转向高效生产部门。换句话说，中国谨慎地退出生产率低下的制造业，以确保他们继续以令特朗普总统垂涎的速度增长。美国要将制造业夺过来是不符合逻辑的，对吧？

如果中国的劳动力成本比美国的劳动力成本低很多，都无法继续保持竞争力，我们又如何能够竞争呢？这绝对讲不通啊。顺便说一下，特朗普总统可能正在为那些或许能够返回美国的制造业工作而努力，但我并没有听到那些幸运的美国人因为拿到低工资而呼吁。

中国似乎“走在可能领先的路径上，而不是在没有道路的路径上走出一条路”。

解决有根据的全球化问题

全球化被作为一块不会积累的苔藓但会有一定抛光度的滚石呈现给美国人。然而，这需要强大的领导人密切关注这块移动的岩石。

美国领导力是不够格的，多年来我们的行为，导致了这块比喻中的岩石在积累苔藓的同时还粘上了污垢——过时了的全球化蔓延到了各处。美国一直以过时的全球化模式在运行，其中包含了一些未解决的问题，这些问题导致了国际贸易和国内收入的不平衡，它还必须通过与贸易伙伴的谈判和深思熟虑的国内政策来解决。

然而，民族主义是错误的工具。它类似于一个渴望向新的约会对象展示其力量和速度的人——使用一把长柄大锤用力敲打停在他收藏的昂贵宝石水晶橱柜上讨厌的苍蝇。他很可能既没打死那只苍蝇，又造成了巨大的损失。

我们的领导人必须公正地确定需要解决的过时的全球化问题，以适当的方式解决问题，并转向我所说的“当代全球化（CG）”。当开放性问题得到公平解决，以及及时确定和解决未来的不平等现象的框架得到实施，当代全球化就能达成。

请注意，我说美国应确保与条法贸易伙伴的关系问题以“适当的方式”解决。我担忧的是，新总统将用不妥当的方式与我们最大的合作伙伴——中国进行交流，这与他经常向亚洲朋友讲话时的具有误导性的粗暴言辞一致。中国是一个真正的世界经济大国，值得我们尊重和互惠。以任何其他方式对待中国，绝对会产生事与愿违的结果。

与民族主义错误的方法相比，当代的全球化更受欢迎。民族主义将对美国经济造成破坏，并伤害到我们希望帮助的人。事实上，过时的全球化比民族主义的危险更甚。

地缘政治的担忧

还记得总统选举结束后，我被媒体问到的最多的问题吗？对于特朗普来说，媒体要考虑的更广泛和更重要的问题是："特朗普的政策和言辞将如何影响世界？"

由特朗普引发的政治动乱的风险很大，会进一步削弱我们在全球舞台上的地位。

多年来，他应用我所谓的私营部门"通过恐吓来获胜"的战略已经取得了一些成功，通常是在相对较小的问题上。这种做法经常通过特朗普用"夸张过头"的谈话或行动来煽动对手表现出来，他认为这样做会在谈判中就他想解决的问题提供优势。该战略在竞选运动上对他也很有用处。

然而，特朗普现在正处于世界政治舞台中心——这令我很担忧。

很多年前，我上研究生时的政治学教授告诉我，政治动荡几乎总是由以下两点造成的：（1）意图；（2）无能。如果总统特朗普将其私营部门的领导风格引向全球舞台，而且我相信他会这样做的，因为除此之外他并不知道还有什么方法，那么我们将需要第三点：（3）无能的意图。

过去许多政治学家认为，我提出的总统引发的风险是过于夸大的，现在这样认为的人少了些，不过无论如何，由于以下几个方面的结合，总统任期将会受到阻碍：

1. 特朗普总统在看到他那"私营部门"的做法在世界舞台上无效之后，将会大大减少这种做法。

2. 当世界领导人对他的天性和沟通风格更加熟悉后，就不会对他的吆喝感到那么震惊了。

也许那些政治学家是正确的。毕竟，我是经济学家，而不是政治学家，关注的是政治问题对经济学的影响。

我非常担心特朗普政府引发的与中国相关的政治风险。随着美国的衰落和亚洲在全球经济实力的强劲增长，我们与亚洲朋友们也该转向更新的尊重互惠的关系模式了。

然而，特朗普总统将迎来修改关系框架的概率为零。就我所知来说，他否认中国的经济实力——这点和许多美国人一样。无论如何，他缺乏确保与中国有效互动的领导力，而且言行矛盾。

他经常不公平地批评中国，特别是在贸易政策方面。我们的贸易安排有改进的余地吗？有的。我们可以在特朗普私营部门风格的领导力下实现吗？绝对不会。总统先生，我们不再拥有在世界舞台上担当领袖的全球经济的影响力了。

现在的美国似乎比以往任何时候都有进一步被我母亲称为“聪明反被聪明误”削弱的可能性。这个成语表明，在一个领域成功的战略可能会在不同的舞台遇到灾难。

中国将扮演更重要的角色

2008 年始于华尔街的金融危机震撼了全球经济，严重降低了美国经济的声望。此外，自那时以来误导性的美联储政策，进一步削弱了美国在世界经济舞台上的地位。多年来这个对自身经济地位感到自信和有安全感的国家，在上一场经济衰退之后还不到 10 年的时间里，现在美国又陷入了衰退的边缘。我们可能仍然渴望达到全球经济统治水平，但实力已经大大削弱。

中国是否准备好成为全球经济的真正领导者了？正如我在介绍中提到的，我相信是的。谨慎观察后，西方对中国的经济成熟和对全球经济形势越来越大的影响印象非常深刻。

引用美国思想家和文学家艾默生（Ralph Waldo Emerson）的话，中国似乎“走在可能领先的路径上，而不是在没有道路的路径上走出一条路”。事实上，中国在一些问题上一直引起我的关注。例如：

1. 在政府支出激增的情况下，中国从 2008 年的金融危机中恢复得比西方国家快得多，尽管西方国家也花了大量的政府资金。

2. 自 2008 年金融危机爆发以来，全球经济增长近一半发生在中国。

3. 中国就允许市场力量在资源配置中发挥决定性作用发表了许多声明。

4. 中国奉行在全球经济格局中发挥更加重要作用的务实政策。例如，虽然更具象征意义，但人民币现在已被列入国际货币基金组织名义上的一系列主要货币①，还包括美元、欧元、日元和英镑。

5. 如前所述，中国目前连续的五年计划是深思熟虑的。谨慎地计划退出效率低下的部门，大力增加对战略部门新研发和新技术的投资。生产力增长最终应该通过经济提升，从而大大提高收入。

6. 中国正积极追求自己的全球贸易形式——“一带一路”倡议和亚投行正在发挥作用。该计划通过利用中国的财富和工业技术，将不少国家和公司更紧密地吸引到中国的经济轨道上来，承诺提供超过 1 万亿美元的基建设施，覆盖六十多个国家。

7. 像阿里巴巴和华为集团这样的中国民营企业在许多情况下实现了在自由市场上的全球成功。

在美国经济疲软和西方民族主义运动爆发之际，各国将越来越多地期望与中国更加相互交织，期望中国展示一流的全球经济领导力。事实上，到 2020 年，我预计，中国将取代美国成为世界知名的全球经济主力。

中国肯定会面临挑战，就像美国一样。其中一个障碍将是颓势的美

① 国际货币基金组织（IMF）宣布，纳入人民币的特别提款权（SDR）新货币篮子于 2016 年 10 月 1 日正式生效。这反映了人民币在国际货币体系中不断上升的地位，有利于建立一个更强劲的国际货币金融体系。

国企图说服世界，来削弱中国经济在世界的影响。

此外，中国必须继续推进经济改革，加大经济结构调整的力度，并且加强法制的保障。可以预见，今后中国有些改革会是令人惊讶的，甚至是颠覆性的。

中国的改革方向是明确的，必要的调整将会继续下去。我相信，我们的中国朋友将会作为世界经济新的领导者，并做出出色的表现。

附 1：2017 年 6 月之后美联储动向

1．美联储年内第二次加息（2017.06.15）

北京时间 6 月 15 日凌晨 2 点，美联储宣布加息 25 基点，联邦基金利率从 0.75% ～ 1% 调升到 1% ～ 1.25%。这是美联储 2017 年内第二次加息。

美联储 FOMC 决议声明显示，在 12 位美联储决策者中，有 8 位预计 2017 年将加息 3 次（3 月会议时有 9 位），有 4 位预计 2017 年将加息 4 次。据美国联邦基金利率期货显示：美联储 9 月份加息的可能性接近 10%。

美联储预计今年起开始缩表，起初每月缩减 60 亿美元国债、40 亿美元 MBS（抵押贷款证券化）；缩表规模每季度增加一次，直到达到每月缩减 300 亿美元国债、200 亿美元 MBS 为止。

随后，美联储主席耶伦出席新闻发布会表示：加息体现出美国经济取得进展。一旦时机合适，美联储将正常化资产负债表。

2．美联储今年开始缩减资产负债表（2017.06.26）

据彭博社报道，美国旧金山联储主席威廉姆斯（Williams）最新发表讲话称：预计美联储今年将开始缩减资产负债表规模。

威廉姆斯认为，联邦基金利率的中性水准在 3% 下方的某个位置，美国快要接近实现充分就业和通胀目标。尽管美联储收紧政策，但近几个月的金融状况在变得更为有利。

威廉姆斯强调：美联储应当继续逐步上调利率。美联储需要升息以使经济尽可能长时间地扩张。预计美国通胀率将在明年达到 2% 的目标。近期美国通胀放缓主要是因为一次性因素。

威廉姆斯还称，预计美国失业率将进一步下滑，至明年期间都将保持在略高于 4% 的水平。就业市场强劲有导致美国经济过热的风险。

3．耶伦主席将可能被替换（2017.08.28）

据彭博报道，耶伦以美联储主席身份在杰克逊霍尔全球央行年会上讲话，此番或已是最后一次，投资者们如今已经开始议论猜测谁会成为她的继任者。按照经济学家调查结果来判断，呼声最高的人选当是目前担任白宫经济委员会主席的盖瑞·柯恩（Gary Cohn），还有其他热门人选。特朗普无论是提名这位柯恩担任美联储主席，还是重新任命耶伦，或是提名其他人，投资者认为，2018 年之后美联储的路线都不会有什么大变化，只能是一个漫长的缩减资产负债表和上调利率的过程。

4．美联储副主席费舍尔辞职（2017.09.07）

美联储副主席斯坦利·费舍尔（Stanley Fischer）表示，他将于 10 月中旬离开现任职位，这距离他在 2018 年 6 月副主席任期届满还有 8 个月。届时他还将一同辞任理事职务。这有可能让美国总统特朗普有机会提早对美联储的政策方向进行调整。较短期来看，费舍尔在 10 月离任可能降低美联储今年再次升息的可能性。

5．兰德尔·夸尔斯被批准成为美联储理事（2017.10.5）

据新华社华盛顿消息，美国参议院当天批准了兰德尔·夸尔斯（Randal Quarles）担任美联储理事和负责金融监管的副主席。夸尔斯担任美联储理事的任期为 14 年，出任负责金融监管的美联储副主席的任期为 4 年。夸尔斯生于 1957 年，曾任美国财政部负责国内金融事务的副部长、美国驻国际货币基金组织的执行董事，美国私募机构凯雷资本集团的合伙人。根据美国国会 2010 年通过的旨在加强金融监管的《多德一弗兰克法案》，美联储应设立专门负责金融监管的副主席，但奥巴马一直未提名人选填补此项职位。

6．中国连续七个月增持美国国债，为第一大债权国（2017.10.17）

美国财政部17日公布的数据显示，中国今年8月份增持345亿美元的美国国债。这是中国今年连续第七个月增持美债，截至8月份，中国持债规模为1.2005万亿美元。当前，中国依然是美国海外的第一大债权国，日本排第二。

7．新美联储主席已确定5名候选人（2017.10.19）

美国白宫新闻秘书桑德尔斯（Sanders）表示，未来数日内，特朗普将宣布关于美联储主席人选的决定。目前的候选人包括现任美联储主席珍妮特·耶伦、白宫经济委员会主席盖瑞·柯恩、美联储理事杰罗姆·鲍威尔、前美联储理事凯文·沃尔什以及斯坦福大学经济学家约翰·布莱恩·泰勒。特朗普表示，5名候选人都非常优秀，预计11月初决定人选。

8．特朗普正式提名鲍威尔任下届美联储主席（2017.11.03）

北京时间11月3日凌晨消息，美国总统特朗普正式宣布提名现任美联储理事杰罗姆·鲍威尔（Jerome Powell）为下任美联储主席，该项提名还需获得参议院批准才能生效。现任美联储主席耶伦的任期将在2018年2月结束。特朗普希望美联储的新主席既能够保持货币政策的既定方针，又能够放松一些监管，共和党人鲍威尔是最合适人选。现年64岁的鲍威尔是律师、投资银行家，获得美国普林斯顿大学政治学和乔治敦大学法律学位，1997—2005年担任私募股权公司凯雷资本集团合伙人，在小布什政府期间任财政部官员，2012年起被奥巴马任命为美联储理事。（2017年12月5日此项提名已获得参议院通过）

附 2：美联储换帅，将会如何影响世界经济

——浅析被新提名的美联储领袖鲍威尔

北京时间 2017 年 11 月 3 日凌晨，在全球经济复苏的关键时刻，美国总统特朗普正式宣布提名杰罗姆·鲍威尔（Jerome Powell），接任耶伦成为新一轮的美联储主席——这个被认为仅次于美国总统的第二大权威职位。如果这项提名顺利获得参议院批准，那么鲍威尔将在明年 2 月接替耶伦，至少在未来的 4 年执掌美国央行——美联储。

鲍威尔将是 40 年来唯一没有经济学学位的美联储主席，他与拥有耶鲁大学经济学博士的现任主席耶伦、拥有麻省理工学院经济学博士的前任伯南克相比，似乎很逊色。

不过，作为一名在金融业有着深厚根基的共和党人，一名经验丰富的华尔街投资银行的律师，鲍威尔在 2012 年当选美联储理事后，非常努力地学习经济学知识，常常收集一大堆论文与同事们讨论，其很快便赢得同事们的尊重。

当下，面对当前失业率处于 16 年来的低位，美国经济似乎正持续走强，但是在持续低迷的通货彭胀率拖累工资增长的情况下，大多数人都希望鲍威尔在提高利率、缩表和抵押贷款支持证券组合方面，能够像耶伦那样采取稳定的做法，以降低借贷成本。

从之前鲍威尔的一贯立场观点来看，这点是毫无疑问的。在之前的几位候选人之中，鲍威尔在货币政策上和耶伦最为接近，甚至几乎是一致的。也就是说，在货币政策上，鲍威尔将会延续耶伦的政策风格，按“计划”继续缩表、加息，即进入货币紧缩周期。

不过，鲍威尔的政策会更多考虑到实际层面的企业问题，对华尔街和实体市场的支持会增加，这就包括放松对华尔街的监管，实施相对宽松的货币政策（缩表问题会受到影响），推动美国金融业务的再杠杆化。

这也很可能是特朗普总统选择鲍威尔接任美联储主席的主要原因，鲍威尔可能在金融监管上放松对华尔街的监管，就像里根时代在升息的同时，放松对银行的监管，再次加大金融业务的杠杆化。

解禁放松金融管制的国策始于里根政府，并伴之于寻求保守的传统价值观，以及恢复自由市场的口号，被称之为“里根革命”。这一“革命”之举，又被布什和克林顿政府进一步推向高潮，延续了将近30年。

举例来说。20世纪80年代中期，日本的巨资被挤压得无处可去，大部分流入了日本当地的股市和房市，剩下的流向了欧美，其中大部分流入了美国的楼市。那时正逢里根执政，多项银行的管制被解除（里根签署的《加恩－圣杰曼法案》），这直接导致了20世纪 80 年代末的储贷危机，几千家银行转向了地产投机，在美国吹起了一个巨大的房市泡沫。

当年，日本觉得投资美国房地产有巨额利润，于是将几万亿日元投入美国房地产。而正当日本人兴高采烈地高喊“我们买下美国”的时候，美国房市急转直下。20世纪90年代初，美国房地产泡沫被金融霸权挤破，经济进入衰退期，日本巨资来不及抽身，资产大幅缩水，直接导致日本经济所谓的“停滞的20年”。

目前，全球金融市场的“牛市”即将结束，因杠杆过高、监管缺失和过度的跨境资本流动，下一场金融危机正悄悄地逼近。而放松对银行监管，也就很有可能像20世纪90年代，银行保持资产负债表的贷款模式，迅速让位给新模式——贷款证券化。

银行业这一变化模式，被监管机构全面认可，因为银行将证券化后的金融产品出售给了广大的投资者，也就无须承担风险，这就减少了储贷危机再次发生的可能。然而事实上，这些贷款所涉及的风险并没有消失，只是被转嫁到了投资者的身上，推而广之，风险实际上被更广泛地延伸到了整个金融体系。

因此，从这个角度而言，当下美联储进入了加息、缩表的货币政策周期，策略是对的，恰好能为下一场可能即将到来的金融危机、甚至经济危机，提前做好“救市”的准备，并再进入下一轮的货币宽松，就这样周而复始……

在这儿顺便提一下，据《华尔街日报》报道，鲍威尔自2012年5月就任美联储理事以来，曾在6次公开讲话中谈及中国。就在10月华盛顿国际金融研究所发表讲话时，他表示，新兴市场的债务市场还称不上“紧急”，但“风险显著、值得密切关注”，特别是“中国的debt at risk（在险债务）已经超过了当年亚洲经济危机之前东亚的水平”，他对此表示了担忧。

总之，在祝贺鲍威尔先生成为下一届美联储主席的同时，希望他能吸取之前因放松金融监管而导致美国多次陷入金融危机的教训，积极改革，促使美国经济健康发展，像中国经济一样，再次成为全球经济健康发展的火车头！

陈思进

2017年11月4日